'신약 배경사'라는 이름의 교과목을 수강했거나 가르쳐 본 사람은 이 책이 얼마나 훌륭한 교재가 될 수 있을지 금방 알아챌 것이다. 고린도의 한 자유민(freedman) 니가노르의 눈과 귀를 통해 이 책의 독자는 다채롭고 생생한 그리스-로마 세계를 경험한다. 마치 타임머신을 타고 바울, 에라스도, 갈리오, 그리고 수많은 초기 그리스도인들이 살던 그 세계 속으로 들어가 한 주를 보낸 사람처럼, 이제 독자는 새로운 시각으로 바울의 편지를 읽게 될 것이다.

_**조재천** 전주대학교 선교신학대학원 신약학 교수

로버트 뱅크스의 『1세기 교회 예배 이야기』를 읽었다면, 이 책도 마찬가지로 흥미로울 것이다. 이 책은 바울 서신의 역사적, 사회적, 문화적 배경을 이해하는 데 실제적인 도움이 된다. 성경의 역사적 배경을 재구성하는 일은 쉽지 않다. 하지만 성경 본문을 읽는 데 이러한 상상력은 필수적이다. 주인공을 따라 1세기 당시의 고린도를 돌아보는 일도 흥미롭지만, '자세히 들여다보기'에 기록된 내용도 유익하다. 추천하지 않을 이유가 없다.

_**채영삼** 백석대 신학대학원 신약학 교수

고대 고린도에서 일주일 동안 자유민으로 살면서 올리브나무 숲과 자갈돌 깔린 거리를 구석구석 다녀 보고, 그리스 도시의 살벌한 정책에서 살아남아, 이교(異敎)의 여사제와도 조우하고 '파울로스'[바울]라는 유대인 천막 제작자와 대화도 나눠 보는 게 어떤 경험인지 알고 싶다면, 벤 위더링턴이 쓴 이 책을 읽어 보라. 고대 고린도의 풍습을 알 수 있는 사진과 설명을 곁들인 이 짤막한 소설은 바울의 고린도 서신의 세계를 들여다볼 수 있는 창을 제공한다. 위더링턴은 엄격한 역사 고증과 이야기가 담긴 예술 작품으로써 바울의 고린도 사역에 독창적으로 생기를 불어넣는다. 위더링턴은 사도 바울이 알고 있었던 고린도의 바로 그 장소, 그 냄새, 그 소리, 그 문화로 우리를 데려간다.

_**마이클 F. 버드** 오스트레일리아 크로스웨이 칼리지 신학과 성경 교수

이 책은 유례없이 재미있는 방식으로 고대 문화와 바울의 고린도 사역에 대해 깊이 알 수 있게 해 준다. 스토리 자체도 유쾌하고 호기심을 자아내

지만, 스토리 이면에서 방대한 세부 묘사를 하기 위해 저자가 얼마나 세심히 연구했는지도 알 수 있다.
_크레이그 키너 애즈베리 신학교 신약학 교수

아주 읽기 쉽고, 게다가 한번 잡으면 손에서 내려놓을 수 없는 이 책은 바울이 고린도에 복음을 전할 당시 그리스-로마 세계를 들여다볼 수 있는 상상력 넘치는 통찰을 제공한다. 신약 성경과 그 배경을 아주 잘 아는 전문 학자가 바울 및 바울이 만난 사람들의 일상생활을 역사적 맥락 속에 녹여 낸다. 초기 기독교가 성장하고 융성한 배경을 알고자 하는 모든 이들에게 이 책을 추천한다.
_앨러나 놉스 오스트레일리아 매쿼리 대학교 고대사 교수

상상을 바탕으로 한 이 이야기는 자유민 니가노르를 따라 고대 고린도를 일주하면서 이곳의 종교·검투사·정치·가정생활·초기 기독교 운동(성경에 등장하는 몇몇 인물들을 포함해서)과의 만남을 들려줌으로써 신약 성경의 세계에 생명을 불어넣는다. 고린도 서신의 모든 수수께끼를 다 해결해 주지는 못하지만, 그래도 이 책은 고린도를 비롯해 1세기 로마 제국의 광범위한 문화적 정황을 매력 있게 소개하면서 유익한 정보를 제공한다.
_브랜든 D. 크로 웨스트민스터 신학교 신약학 조교수

다시 한 번 힘줄이 둘리고 살이 덮이는 마른 뼈들의 골짜기처럼, 고린도는 잡초가 무성한 폐허에서 다시 과거의 활력과 다채로움과 흥미진진함을 되찾아, 그 역사 속 일주일을 재현한다. 위더링턴은 에라스도라는 사람이 공직을 얻으려 하고 바울이라는 사람이 로마 총독 갈리오 앞에서 심문받을 준비를 하는 광경을 중심으로 재미있는 이야기를 들려줌으로써 로마 식민지 고린도의 사회 제도와 집안 풍습, 시민 생활을 유쾌함과 유익함으로 능숙히 버무려 독자에게 소개한다. 내가 알기로 그리스-로마 세계를 배경으로 바울의 전도 사역을 소개한 책 중에 이렇게 '휴가지에서도 읽을 수 있을 만큼 재미있는 책'은 없다.
_데이비드 A. 드실바 애슐랜드 신학교 신약과 헬라어 석좌교수

고린도에서 보낸 일주일

Originally published by InterVarsity Press as *A Week in the Life of Corinth*
by Ben Witherington III
ⓒ 2012 by Ben Witherington III
Translated and printed by permission of InterVarsity Press
P.O. Box 1400, Downers Grove, IL 60515, USA
www.ivpress.com

License arranged through rMaeng2, Seoul, Republic of Korea

This Korean Edition ⓒ 2020 by Jireh Publishing Company,
Goyang-si, Gyeonggi-do, Republic of Korea.

이 한국어판의 저작권은 알맹2 에이전시를 통하여 InterVarsity Press와 독점 계약한 이레서원에 있습니다. 신저작권법에 의하여 한국 내에서 보호받는 저작물이므로 무단 전재와 무단 복제를 금합니다.

고린도에서 보낸 일주일

A Week in the Life of Corinth

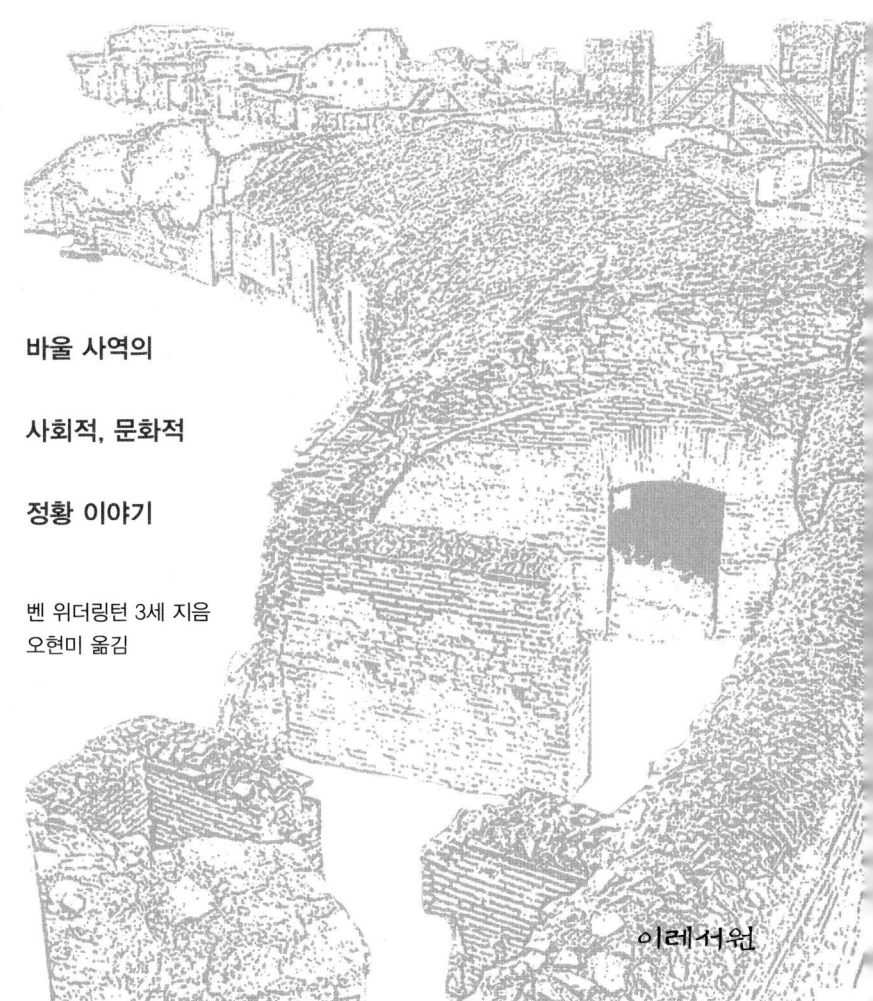

바울 사역의

사회적, 문화적

정황 이야기

벤 위더링턴 3세 지음
오현미 옮김

이레서원

목차

1. 포세이돈의 복수   7
2. 이스트미아와 이스트미아 대회   29
3. 파울로스, 브리스길라, 아굴라   46
4. 에라스도의 가정   63
5. 적에게 적의를 불러일으키다   78
6. 갈리오의 담즙   88
7. 에라스도가 실종되다   104
8. 제안   112
9. 재판받는 파울로스   129
10. 율리아의 기도와 니가노르의 경호원   150
11. 인슐라와 안식일   161
12. 파울로스, 브리스길라, 에라스도   170
13. 디에스 솔리스(Dies Solis): 태양(Sun)/아들(Son)의 날 아침   181
14. 태양의 날 오후   193
15. 그날 하루의 끝   203
후기   229

〈일러두기〉 영미권 저자의 저서에 바울은 거의 Paul로 표기되지만 이 책에서는 Paulos로 표기되었다. 이 책의 주 무대인 고린도에서 실제 불렸을 이름대로 표기한 저자의 의도를 좇아 '파울로스'로 옮기되, 성경에 등장하는 그 밖의 인지명은 가능한 한 개역개정성경의 표기를 따르거나 현대어 표기와 병기했다.

1. 포세이돈의 복수

늦겨울 햇살이 지중해의 쌀쌀한 대기를 벌써 따뜻이 데울 무렵, 배는 밀물을 타고 항구로 접어들었다. 아프로디테 신전이 자리 잡은 오래된 성채 아크로코린트(Acro-Corinth) 정상부가 아침 안개 사이로 우뚝 솟아 도시를 내려다보는 풍경이 바로 시야에 들어왔다. 선장은 동틀 무렵 잡은 어린 바닷새로 아침 제사를 드렸다. 어린 바닷새가 잡히다니, 길조였다. 선원들이 모두 갑판으로 올라와 선장의 고함에 따라 일사불란하게 자기 임무를 이행했다. 선객들은 걸리적거리지 않으려고 최선을 다했다.

니가노르(Nicanor)는 바다 여행을 한동안 원 없이 했다. 비위가 약하다 보니 로마를 출발해 이제 막 아드리아해를 건너오기까지 바닷물을 마치 절반쯤 삼킨 듯한 느낌이었다. 밥때가 지나 느지막이 니가노르는 로마에서 가져온 말린 생선을 조금씩 꺼내 끼니를 때우기를 되풀이하고 있었다. 허술한 식사가 몹시 아쉬웠던 그는 다음번에는 돈 아낄 생각 하지 말고 노예를 한 사람 동행시켜 음식을 만들고 치우는 허드렛일을 맡겨야겠다고 생각했다.

그림 1.1. 1세기 고린도의 지중해 세계

니가노르의 전 주인이자 현재 고용주인 에라스도(Erastos)가 로마에 직접 가지 않고 니가노르를 보내 이번 거래를 처리하게 한 것은 놀랄 일도 아니다. 하지만 2월(Februarius) 첫 주에 아드리아해를 건너는 것은 누구에게도 시켜서는 안 되는 일이었다. 그 사람이 전직 노예일지라도···. 오늘이 '디에스 루나에'(Dies Lunae), 곧 달의 날(즉, 월요일)이라는 데 생각이 미치자 니가노르는 달이 조석(潮汐)에 끼치는 영향을 떠올렸다.

에라스도의 '대리인' 노릇은 이번이 처음이 아니었고, 분명 마지막도 아닐 터였다. 하지만 니가노르는 다음번에는 꼭 기억했다가 요청할 생각이었다. 이런 일은 3월 중순 이후부터 연말 전, 날씨가 달라져서 배가 다니기 적당한 시기에 하게 해 달라고 말이다. 속이 느글거리기는 했지만, 에라스도가 시작한 건물 공사에 쓰일 카레라 대리석 추가 매매 건을 성사시킨 생각을 하자 니가노르의 얼굴에 슬며시 미소가 번졌다. 이번 공사는 고린도의 '조영관'(aedile: 로마의 공공건물·도로·공중위생 등을 관장하는 관리-옮긴이) 자리를 손에 넣으려는 에라스도의 전략적 계획이었다.

• 자세히 들여다보기 •

노예와 면천(免賤)

로마 제국은 단순히 노예 노동에 의존하기만 한 것이 아니라 제국 대부분이 노예들의 수고에 힘입어 세워졌다. 노예 제도는 신흥 사업이었다. 추정치에 따르면 영원한 도시 로마 인구의 절반 정도가 노예였다. 이는 전혀 놀라운 일이 아니다. 로마가 영토를 많이 확장하면 할수록 사회적 지위도 다양한 온갖 분야 사람들이 더욱 많이 포로로 잡혀 왔고, 그만큼 더 많은 이들이 노예가 되었기 때문이다. 고대의 노예를 19세기 미국의 남북전쟁 전 노예와 똑같이 생각해서는 안 된다. 물론 유사점이 있기는 하지만, 가장 두드러진 대조점 하나는, 로마 제국에서는 아주 교육 수준 높고 똑똑한 사람들, 그리고 매우 탁월한 상인들 중에도 전현직 노예가 있었다는 점이다.

고린도는 지리적 위치상 노예 무역의 집배(集配) 센터였으며, 고린도의 부자들은 쓸모 있는 최상급 노예들을 노예 시장에서 살 수 있었다. 아리스토텔레스의 정의에 따르면 노예는 자산(資産)의 일부이며, 살아 움직이는 존재이기는 했지만 어쨌든 자산은 자산이었다. 그래서 노예에게는 그 어떤 종류의 법적 권리도 없었고, 노예는 주인의 뜻과 변덕에 복종해야 했다. 바울 시대에 주인이 노예에게 휘두르는 절대 권력을 개선하려는 시도가 있었다는 증거가 있는데, 이는 스파르타쿠스의 반란 같은 노예 폭동이 일어날 것을 염려한 결과였다.

그러나 누구도, 심지어 노예 폭동을 주도한 노예들조차도 로마 제국에서 노예 제도를 폐지해야 한다고 주장하지는 않았다. 노예들은 공정하게 대우받기를 원했다. 그리고 노예들 중에는 자유를 원하는, 그리고 주인의 도움을 받아 자유를 살 능력이 있는 이들이 많았다. 심지어 "노예 제도는 절대 나에게 불친절하지 않았다."라고 기록된 비문(碑文)도 있다(CIL[라틴어 비문 모음집] 13,7119). 니가노르 같은 사람이 자유민이 될 수 있었던 법적 장치를 '특유 재산'(peculium: 노예·아내·자녀에게 주는 개인 재산-옮긴이)이라고 하는데, 이 장치 덕분에 노예들은 재산과 돈을 모을 수 있었고 실제로 노예 신분에서 풀려나는 데 필요한 돈을 가질 수 있었다. 하지만 노예의 주인이, 니가노르의 경우에는 에라스도가 이에 동의해야 했다. 풀어 줄 것을 요구하는 노예의 청을 주인이 거부할 경우, 노예에게는 아무런 법적 구제책이 없었다. 고린도전서 7장에서 바울은 종이 자유롭게 될 기회가 있다면 그 기회를 잡아야 한다고 말하는데, 이는 노예 자신이 주도권을 쥘 수 있는 상황을 말하는 게 아니다. 이는 노예 주인이 선택할 일이었다.

니가노르는 불평할 수가 없었다. 로마를 장기간 구경할 수 있는 기회가 마침내 생겼으니 말이다. 그렇게 거대한 도시는 한 번도 본 적이 없었다. 사람들은 '인슐라'(insulae)라고 하는 공동 주택 단지에서 말 그대로 남의 집 지붕에 층층이 집을 짓고 살았다. 물론 다른 인종 구경도 늘 흥미로웠다. 예를 들어, 로마 남자들은 그리스 남자들과 달리 면도를 말끔히 했고, 정기적으로 이발소에 다녔으며, 이발소에는 세상 돌아가는 이야기가 풍성했다. 로마에 머무는 동안 니가노르가 알게 된 또 하나 새로운 사실은, 로마 사람들에게는 '데포시티오 바르바에'(depositio barbae)라는 종교적 의례가 있는데, 이 의례 때 십대 소년이 난생처음으로 얼굴에서 수염을 밀게 된다는 것이었다! 로마 사람들은 니가노르의 고향에 있는 그리스 사람들에 비해 더 종교적이고 훨씬 덜 회의적인 듯했지만, 니가노르가 보기에 이들의 일부 종교는 종교라기보다 미신에 가까웠다.

다른 한편, 니가노르는 그리스어 교사이자 한때 철학자였던 자신의 아버지가 '끔찍하다'고 표현했던 일들도 보게 되었는데, 이는 로마 사람들이 그리스 사람들에 비해 도덕적으로 품격이 없다는 말이었다. 니가노르는 언젠가 아버지가 한 연설을 외우라고 했던 것을 기억했다. 한 로마인이 로마에 대해 말하는 그 연설문에는 이런 구절이 있었다. "우리 도시에서만 볼 수 있는 특징적 악덕은 내가 보기에 거의 어머니 배 속에서부터 배워 가지고 나오는 것으로, 연기에 대한 열광, 검투사와 경주(競走)에 대한 열정이 바로 그것이다. 그런 것들에 몰두하고 그런 것들에 사로잡힌 사람의 마음에 그보다 고상한 예술이 자리 잡을 공간이 조금이라도 남아 있겠는가?"[1] 로마의 식당이나 '타베르나'(taberna, 선술집)에 갈 때마다 주변에서 들려오는 수많은 대화에서 니가노르는 로마 사람들이 그런 상스러운 오락에 얼마나 열광하는지 확인할 수 있었다.

● 자세히 들여다보기 ●

로마력

주전 45년, 율리우스 카이사르(Julius Caesar)는 달(months)이 계절과 일치하지 않는 문제를 피하려고 날수(days)를 추가함으로써 로마력을 조정했다. 카이사르는 11월과 12월 사이에 67일을 끼

---

[1] 이는 실제로 타키투스(Tacitus)의 『대화』(Dialogue) 29.3-4에서 인용한 문구로서, 시기상 1세기 약간 후반의 상황이다. 그래도 로마 사람들이 선택한 오락거리에서 알 수 있다시피 이는 로마가 도덕적으로 얼마나 타락하고 있었는가에 관한, 아우구스투스 시대로 거슬러 올라가는 내내 들을 수 있는 대표적 한탄이다. 실제로 50년대에 네로 황제는 엘리트조차 이런 오락을 좋아하는 것이 용인되는 사회 분위기를 만들었다.

1. 포세이돈의 복수

워 넣었다. 이렇게 해서 율리우스력은 일 년을 정확히 열두 달로 나누었고, 여기에 4년에 한 번씩 2월에 윤날을 추가했다. 그러므로 율리우스력은 대략 일 년이 365.25일이었다. 그런데 오늘날 우리가 그레고리우스력을 따르는 것은, 계절의 순환을 결정하는 태양년(solar year)이 365.25일보다 약 11분 정도 짧기 때문이다. 율리우스력의 문제점은 이 여분의 11분 때문에 400년마다 삼일 정도가 생겨난다는 것이었다. 이는 결국 일 년에 두 번 관측되는 밤낮의 길이가 똑같은 날, 즉 춘분 및 추분과 확실히 상충되고, 따라서 계절과도 맞지 않는 결과를 낳았다. 그레고리우스력은 16세기에 들어서서야 제안되었다. 그레고리우스력은 편차로 생긴 며칠을 달력에서 삭제해 달력이 춘분 및 추분과 다시 한 번 일치되게 함으로써 이 문제를 간단히 해결했다. 또한 그레고리우스력은 훗날 400년마다 한 번씩 3일의 윤날을 제외했다.

놀라운 사실은, 그레고리우스력으로 대체되기 전까지 몇몇 나라에서는 20세기에 들어와서도 여전히 율리우스력을 민간력으로 사용했다는 점이다. 기독교계의 경우, 로마 가톨릭과 개신교 모두 율리우스력을 그레고리우스력으로 대체했다. 하지만 에스토니아와 핀란드를 제외한 정교에서는 해마다 날짜가 바뀌는 교회 절기를 계산할 때 여전히 율리우스력을 사용한다. 흥미롭게도 북아프리카 원주민 베르베르족은 지금도 율리우스력을 쓴다.

그림 1.2. 디올코스

'디올코스'(diolkos)가 니가노르의 시야에 들어왔다. 디올코스는 서쪽 항구에서 시작해 지협(地峽) 건너편 쪽을 향하는, 홈이 파인 돌길이다. 이렇게 멀리서 보면 개미만 하게 보이기는 하지만, 햇빛 아래 반짝거리는 것이 디올코스에서 작은 배 한 척이 실린 선박 이동용 썰매를 끌고 있는 노예들의 맨등이라는 것을 니가노르는 알고 있었다. 노예들은 디올코스로 약 3킬로미터 거리의 지협 건너편으로 배를 옮기고 있는 중으로, 이 지름길이 아니면 에게해로 갈 때 그리스 땅 주변 바다를 배로 한 바퀴 돌아야 했다. 로마에 있을 때 니가노르는 젊은 새 황제 네로가 지협 3킬로미터에 선박용 운하를 파는 것을 포함해 야심찬 이스트미아(Isthmia, 그리스 고린도 지협에 위치한 고대 도시-옮긴이) 개발 계획을 세웠다는 소문을 들었다. 이 계획은 분명히 바다의 신 포세이돈의 심기를 약간 불편하게 했을 것이다. 선박을 운반하는 인부들과 썰매 빌려 주는 사업으로 재산을 모은 상인들은 말할 것도 없고 말이다.

그림 1.3. 고린도 운하

그림 1.4. 터키 시노프에 있는 로마 시대 석관. 옆면에 상선과 항구의 어선을 묘사한 부조가 새겨져 있다.

길이 약 30미터의 중형 곡물 수송선 '로물루스와 레무스호' 뱃머리에 선 니가노르는 뱃머리로 연결된 삭구를 단단히 붙들었다. 이제 부산한 고린도 시 위로 우뚝 솟아 있는 거대한 아크로폴리스의 아프로디테 신전이 구석구석 눈에 들어오기 시작했다. 고린도는 로마의 속주 아가야 지역의 중심이 된 도시였다. 이 도시는 2세기 전 로마 장군 뭄미우스(Mummius)의 손에 크게 파괴되었다가 그 후 크게 발전했다. 군에서 제대하여 땅을 하사받은 로마 군인들이 그리스식인 이곳 문화와 어우러져 살게 될 것이라고 누가 짐작이나 했겠는가? 이들이 이곳 문화에 로마의 법률 제도를 덧입힌 것은 사실이다. 하지만 이제는 로마인과 그리스인을 구별하기가 거의 힘들다. 이들은 통혼(通

婚)하고, 같은 스타일의 옷을 입고, 로마 사람들은 그리스 사람들의 식사와 절기 풍습을 받아들였다. 법정에서 쓰는 말은 라틴어였지만, 길거리에서는 모두들 그리스어를 썼다.

니가노르는 겨우 스물일곱 살이었지만, 고린도에서 출세 가도를 달리는 사람의 노예였다가 자유민이 된 사람으로서 이미 남부럽지 않은 삶을 일구기 시작했다. 니가노르의 전 주인인 에라스도는 그리스인 어머니와 아우구스투스 치세 때 로마령 고린도에서 제대한 로마 백부장 출신 아버지 사이에서 태어났다. 하지만 에라스도에게는 비밀이 하나 있었다. 그는 이 비밀이 새어 나가지 않기를 바랐다. 새어 나갔다가는 고린도의 조영관, 즉 시 재정과 공공 토목 공사 감독 업무를 총괄하는 관리가 될 기회가 날아가 버릴 터이니 말이다. 에라스도는 가정집에서만 은밀히 모이는 이 동네 신흥 종교의 일원이었다.

에라스도의 절대적 신뢰를 받고 있는 니가노르도 사실 이 모임에 한 번 가 본 적이 있었다. 아주 기이한 모임이었다. 도대체 무슨 종교가 사제나 신전이나 제사도 없이 어둠을 틈타 일반 가정에서 모인단 말인가? 게다가 모여서 하는 일이라고는 노래하기, 언뜻 보기에 모종의 예언 같은 것, 그리고 그전에는 물론 그 후로도 니가노르는 들어 본 적이 없는 언어로 열렬히 지껄이기가 전부였다. 그 지껄임을 들었을 때 니가노르는 오싹한 느낌이었다. 그리고 델피(Delphi)에서 신성한 나뭇잎을 씹은 뒤 신탁을 받는 여사제처럼 이 참석자들도 일종의 광인(狂人) 상태로 빠져드는 게 아닌가 하는 생각이 들었다.[2]

● 자세히 들여다보기 ●

고린도의 멸망과 로마화 과정

주전 146년, 로마 장군 뭄미우스는 고대 도시 고린도를 파괴하고 오래된 아폴로 신전만 남겨 놓았다. 소문에 따르면, 여자와 아이들은 노예로 팔렸고, 조상(彫像)과 그림과 예술품들은 탈취되어 로마로 실려 갔다고 한다. 당시 고린도는 거의 잿더미로 변하고 말았다. 그 후 주로 로마의 계획에 따라 도시가 설계되어 로마의 법적·군사적 목적에 이바지했다. 그렇기는 해도 고유의 그리스 문화와 언어가 여전히 지배적이었는데, 특히 이 지역에서는 그리스인 원주민이 로마인에 비해 수적으로 우세했기 때문이다. 라틴어는 법률 용어로서 법정에서나 관리들의 공식 문서

---

[2] 델피의 여사제는 카스틸리아 샘물을 마시고 월계수 잎을 씹은 뒤, 지하의 바위틈에서 나오는 유황 성분 증기를 들이마실 때 찾아오는 환각 상태에서 신탁을 받았다고 한다.-옮긴이

에 쓰였지만, 그 외 모든 영역에서는 그리스어가 쓰인 것으로 보인다. 누구나 다 그리스어를 알았고, 어쩌면 대다수가 라틴어 또한 쓸 수 있었을 것이다. 동쪽에서 온 일부 유대인은 히브리어와 아람어도 알았을 것이다.

뭄미우스 장군 손에 파괴된 후 백여 년 동안 고린도에는 거의 사람이 살지 않았다. 주전 44년 무렵 고대 고린도를 로마의 식민 도시 고린도, 즉 '콜로니아 라우스 이율리아 코린티엔시스'(Colonia Laus Iulia Corinthiensis)로 만든 사람은 율리우스 카이사르였다. 로마인들은 대체적으로 옛것을 재생하는 사람들이었다. 도시의 편제와 도로 계획에 조금 변화를 주기는 했지만, 이들은 고대 그리스식 설계도를 써서 도시를 재건했다. 바울과 에라스도가 알고 있던 고린도는 한 세기 넘도록 안정되게 성장한 것이 특징인 도시였다. 실제로 50년대에 고린도는 항구가 두 곳에다 노예 시장이 활성화되어 있는 도시로, 지중해의 중심에서 동서 방향으로 갈 수 있는 교역의 중핵(中核)이 되었다.

재산과 사법 문제에 관한 한 로마 식민지에서는 당연히 로마인들이 유리했다. 로마 군인들은 그런 식민 도시들에서 복무하다 제대했고(빌립보도 로마의 식민 도시였다), 그래서 고린도의 사회 정치 구조 최상부에는 로마인들로 구성된 지배적 사회 계층이 자리 잡고 있었다. 바울은 로마 시민이었던 것 같고, 조영관직

> 경선에 나설 수 있었다는 것으로 보아 에라스도도 로마 시민인
> 것이 확실했기에, 이 두 사람은 로마의 식민 도시에서 로마 시민
> 으로서의 법적 이점을 일정하게 누릴 수 있었다. 바울과 유대교
> 지도자들의 송사(訟事)가 법정에서 기각된 것은 아마 이런 이유
> 때문일 것이다.

    물론 니가노르가 알기로 제국의 동쪽 끝에서 시작된 종교들은 다 이상했다. 이시스와 세라피스를 섬기는 이집트인들의 의례를 봐도 그렇고, 소위 신비 종교는 또 어떤가. 그 닫힌 문 뒤에서는 실제로 무슨 일이 벌어지며, 그 예배 때 남자와 여자는 왜 따로 앉는가? 또 유대인들의 종교도 마찬가지다. 세상에 어떻게 신이 오직 하나뿐이라 생각하는 이들이 있을 수 있단 말인가. 더구나 올림푸스산이 있는 땅에서 살면서 말이다. 하지만 니가노르는 에라스도가 이제 받아들인 이 동쪽 종교의 신조(信條)인 듯한 것과 비교해 보면 그런 종교들이 오히려 정상으로 보인다는 사실을 인정하지 않을 수 없었다. 이 신조는 그날 밤 에라스도의 집에서 이상한 동쪽 억양으로 말하던 남자, 파울로스라는 몸집 작은 대머리 남자의 입에서 나온 웅변적 강설에 설명되어 있었다. 십자가에 달려 죽은 한 유대인과 관

1. 포세이돈의 복수

련해 무언가가 있고, 그 유대인이 경배를 받아야 한다는 것이었다. 아무리 남의 말을 쉽게 믿는 사람이라 해도 이를 믿는 것은 한계점을 넘는 일이었다.

니가노르에게는 마음을 결정할 일이 한 가지 있었다. 또 다른 조영관 후보인 마르쿠스 아우렐리우스 아이밀리아누스가 얼마 전 니가노르에게 접근해 왔다. 팔레르노산 최고급 포도주 잔 너머에서 마르쿠스는 니가노르에게 말했다. 에라스도에 관해 무언가 추문이 될 만한 정보, 공개적으로 에라스도에게 망신을 주어 선거에서 패배하게 만들 만한 정보를 제공해 주면 니가노르를 크게 출세시켜 줄 수 있다고 했다. 현재로서는 확실히 에라스도가 유력한 후보이고 아우렐리우스가 에라스도를 따라잡으려 애쓰는 상황이었다. 하지만 아우렐리우스에게는 크게 유리한 점이 하나 있었다. 그는 크로이소스 왕(King Croesus: 주전 6세기 리디아의 왕. 엄청난 부를 가진 것으로 유명하다.-옮긴이) 못지않은 부자여서, 평범한 시민들의 표를 돈으로 많이 사들일 수 있었다. 선거까지는 한 달도 안 남았다. 그리고 니가노르는 자기 소유의 큰 집도 사고 사업도 확장하고 어쩌면 고린도에서 자신보다 신분이 높은 여인과 결혼도 할 수 있을 정도의 돈을 제안받았다! 전직 노예였던 사람이라면 누구든 거부할 수 없을 만한 유혹이었다.

하지만 니가노르는 그런 사람이 아니었다. 니가노르는 원칙과 윤리를 소중히 여기는 사람이었다. 돌아가신 그의 아버지 헤라클리도스는 '파이다고고스'(paidagogos: 고대 그리스에서 귀족 자녀의 교육을 담당하던 노예-옮긴이)였으며 아덴에서 부유한 집 자제들의 가정교사까지 한 사람이었다. 헤라클리도스는 로마 제국이 그의 고향 아프로디시아스를 정복하고 그를 노예로 삼기 전만 해도 유명한 스토아학파 철학자 겸 교사였다. 지식과 지혜를 겸비한 데다가 몇 가지 언어를 읽고 쓸 줄 아는 능력을 높이 평가받은 헤라클리도스는 고린도로 끌려와 노예 시장에서 꽤 큰 액수의 은화에 아덴의 한 부잣집으로 팔려 갔다.[3]

노예와 노예 상인들의 세계는 수치스러운 세계였다. 노예 시장은 도시의 조영관이 운영하는 경매 시장이었다. 이 공공 관리들이 장소와 규칙과 규정 등의 경매 조건을 정했다. 시장에 나온 노예들은 저마다 이름과 태생과 건강 상태와(간질 같은 질병이 있을 경우 상태가 어떤지 반드시 알려야 했다) 특색이 적힌 두루마리를 목에 둘렀다. 이 노예는 도벽이 있거나 툭하면 도망을 치거나 자살하려는 성향이 있지 않은가?

노예를 사려는 사람은 이 일람표 내용에 주목할 터였다. 이

---

[3] 사실 이런 노예는 값이 수천 달러에 이를 수도 있다.

신고서는 6개월간 유효한 '보증서' 역할을 했다. 6개월 안에 이 신고서에 언급되지 않은 뚜렷한 결함이 나타날 경우, 판매인은 그 노예를 다시 데려올 의무가 있었다. 보증서가 없는 노예는 머리에 특이한 모자를 씌워서 구별했다. 속주(屬州)에서 수입한 노예에는 세금이 붙었고, 발에 백묵으로 희게 표시를 해서 구별했다. 물론 이 노예들 또한 구매자들에게 심사를 받았다. 특별한 노예, 특히 눈에 띄게 매력 있는 노예는 부자 고객 전용으로 선별되어 판매될 수도 있었다. 노예는 재산이었고, 노예 매매는 수익성이 높았으며, 성 매매를 위해 여성 노예를 판매하는 일도 흔했다.[4]

니가노르는 그날 일을 생생하게 기억했다. 눈물이 아버지의 뺨을 타고 흘러내려, 목에 둘린 두루마리 위로 뚝뚝 떨어졌다. 그때 노예 판매인이 소리쳤다. "판매 완료!" 니가노르는 아버지가 질질 끌려가 수레에 태워진 뒤 어딘지 알 수 없는 목적지로 실려 가는 것을 지켜보았다. 정신적 외상이 남는 그런 사건은 쉽게 잊히지 않는다. 그래서 니가노르는 의아하게 여기지 않을 수 없었다. 조영관이 된다는 게 그렇게 야만적이고 비인간적인 일을 관장한다는 의미일진대 세상에 에라스도처럼 선량한 사

---

[4] 이에 대해 좀 더 알아보려면 〈www.classicsunveiled.com〉에서 노예를 주제로 한 기사를 보라. 본문 내용도 이 사이트에서 발췌했다.

람이 대체 왜 조영관이 되고 싶어 하는지 모를 일이었다.

  흔히 그러했듯 헤라클리도스의 자녀들도 노예로 팔렸지만, 여느 집과는 다른 곳, 바로 에라스도의 집으로 팔렸다. 니가노르는 겨우 일곱 살 되던 해에 아버지와 강제로 헤어져, 그 후 아버지가 돌아가실 때까지 한 번도 만나지 못했다. 이 고통스러운 기억을 곰곰이 되짚어 보면, 니가노르는 에라스도에게 사실 얼마나 충성해야 하는지 회의가 들었다. 니가노르에게도 유혹의 힘은 강해서, 오래전 자신을 아버지 품에서 떼어 놓은 그 집안에 복수를 하고 싶었고, 복수의 여신 품에 자신을 던져 그 집에 똑같이 갚아 주고 싶었다. 하지만 성급히 행동해서는 안 되었다. 이제 막 입신출세의 길을 가기 시작한 만큼, 자신의 문화에 깊이 배어 있는 보복의 순환 고리 속으로 섣불리 발을 들여놓았다가는 위험할 수 있었다. 자신에게 주어진 선택안들을 신중히 비교 평가해야 했다.

  갑자기 나팔 소리가 크게 울리는 바람에 니가노르는 퍼뜩 상념에서 깨어났다. 나팔 소리는 아름다운 배 '로물루스와 레무스호'가 잔물결 치는 바다를 뒤로하고 마침내 항구 방파제로 돌아들고 있다는 신호였다. 돛이 펄럭이며 돛대 아래로 푹 접혔고, 예인선이 줄을 팽팽하게 당기자 배는 천천히 항구로 들어섰다. 선착장에서 줄을 던져 배를 계류장으로 끌어당기는 것을 보면서 니가노르는 안전히 항해를 마치게 해 준 것에 대해 포세이돈에게 조용히 감사의 기도를 했다. 하지만 니가노르의 위장은 지금 하루가 넘도록 그가 변변히 먹은 것이 없다는 사실을 일깨워 주었다.

몇 가지 여행용품이 담긴 가방 하나를 달랑 메고 배와 선착장 사이 건널판을 오르는 그의 어깨 위로 엷은 겨울 햇살이 따뜻이 내리쬐었다. 왼쪽 언덕에서 안개가 부드럽게 피어오르고 있었고, 고린도로 가려면 그 언덕에서 길을 찾아야 했다. 선착장에는 포도주 '암포라'(amphorae: 양쪽에 손잡이가 달리고 목이 좁은 큰 항아리-옮긴이)가 이제 막 배에서 부려져 있었다. 방금 휴가를 받은 선원들은 곧 부둣가 타베르나로 향했다. 로마 군인들은 통행료 요금소를 감시했다. 지저분한 몰골로 배에서 내리는 사람들에게 의류 행상은 새 속옷과 겉옷을 내밀었다. 이른 아침 장사를 좀 해 볼까 하는 매춘부들은 배에서 내리는 남자들이 뭘 원하는지 다 안다는 듯한 미소를 흘리며 서성거리고 있었다.

깨끗한 바다 공기에서 느껴지던 짭조름한 냄새와 달리 선창과 해변에서는 악취가 풍겼고, 공기 중을 떠돌던 그 악취는 이내 니가노르의 코를 찔렀다. 배에서 내리는 사람들에게서 나는 체취만이 아니라, 사람 몸에서 나는 강한 땀 냄새, 음식 찌꺼기 썩는 냄새, 그리고 생선 장수의 노점에 쌓인 해산물 부스러기들이 지나치게 발효된 데서 나는 냄새였다. 그 순간에도 생선 장수는 3미터 남짓 떨어져 있는 작은 어선에서 갓 잡은 물고기들을 내리고 있었다.

그에 못지않게 강하고 자극적인 냄새가 악취와 겹쳤는데, 그것은 길 건너편 향신료 시장에서 풍겨 오는 냄새였다. 그곳에서는 온갖 종류의 몰약, 유향, 상처 따위에 바르는 기름, 순전한 나드, 그 외 향료들을 다 구할 수 있었다. 요즘엔 배에서 내려 내지로 들어가기에 앞서 이 가게로 곧장 오곤 하는 이들도 있었다. 목욕을 하거나 씻을 시간이 없다는 것을 알고 있는 이들은 나드나 그 밖에 향이 강한 향료를 담은 작은 병을 목에 걸고 다님으로써 몸에서 나는 악취를 감췄다. 순전한 나드는 아주 값비싼, 가장 값비싼 향료로서, 오늘날 사람들은 모를 수도 있겠지만, 그 무렵 이곳에 들어와 살기 시작한 사람들과 여행자들 중 비교적 부유한 사람들에게는 이 시대에 벌써 팔리고 있었다. 니가노르는 머릿속에 기록해 두었다. 언젠가 한 번 투자할 수도 있는 사업이 여기 있다고 말이다.

니가노르는 부두에서 100미터쯤 벗어나자마자 길거리 행상에게서 작은 빵 한 덩이와 올리브, 무화과를 조금 산 뒤 고린도 구시가(舊市街)와 아크로코린트 사이 언덕 위에 자리 잡은 빌라(villa)들 쪽으로 길을 잡았다. 하늘엔 구름 한 점 없었고, 지금까지는 모든 것이 징조가 좋아 보였다. 이제 막 하루가 시작되었는데 이른 아침 장사가 저마다 그렇게 한창이었다.

니가노르는 이미 하루 정도가 늦었음을 깨달았다. 에라스도는 이번 거래 결과를 초조히 기다리고 있을 터였다. 그는 시간을 철저히 지키는 사람이어서, 지금 시간이면 아마 동틀 무렵부터 집 앞에 장사진을 치기 시작한 노예들과 "친구들"과 고객들을 차례로 만나 일처리를 마무리하고 있을 것이다. 아침 업무를 마치면 말에 올라 포도원과 올리브 숲을 점검할 텐데, 그 전에 그를 만나야 했다. 빵과 올리브를 허겁지겁 씹어 삼키며 걸음에 속도를 내는 니가노르의 얼굴에 환하게 미소가 번졌다. 마른 땅에 다시 발을 디디니 좋았다. 정말 너무 좋았다. 하지만 에라스도의 집까지는 거의 16킬로미터를 걸어야 했으므로 쉴 틈 없이 가야 했다.

2. 이스트미아와 이스트미아 대회

고린도를 오랫동안 떠나 있던 터라 니가노르는 2년마다 열리는 이스트미아 여름 대회[5] 준비를 곧 시작해야 한다는 것을 까맣게 잊고 있었다. 무엇보다도 이 대회는 니가노르가 대목장사를 할 수 있는 기회였다. 관광객들이 몰려와 천막을 빌려서는 포세이돈 신전 터 근처에서 야영을 시작하기 때문이다. 니가노르에게는 사업체가 두 개 있었다. 이스트미아에서 운영하는 타베르나는 밥도 먹고 술도 마실 수 있는 작은 가게로, 이번 여름 대회가 벌어지는 동안 손님들로 북적거릴 터였다. 또 하나는 작은 건설업체인데, 최근에는 아크로코린트 뒤편 도수

---

[5] 올림피아, 피디아, 네메아 경기와 더불어 고대 그리스 4대 경기 중 하나. 고린도 지협에서 2년마다 개최되었다.-옮긴이

관 보수 공사를 하고 있다. 여기에 더하여 니가노르는 에라스도의 사업 대리인 일을 계속하고 있었다. 자신의 사업이 번창하기 시작했는데 과연 언제까지 에라스도의 일을 봐줄 수 있을지 모르겠다는 생각이 들기는 했지만 말이다.

이즈음 고린도와 주변 마을들은 온통 분위기가 들떠 있었다. 로마가 고린도를 속주(屬州) 아가야의 수도로 지정한 이후, 과거 아덴(아테네) 중심이던 일들이 고린도로 옮겨 왔고 다수의 사업체까지 고린도로 이동했다. 정치권력의 중심이 이동하자 눈치 빠른 장사꾼들은 상업의 중심도 뒤따라 이동하리라는 것을 알아차린 것이다. 니가노르도 이 벼락 경기의 물결을 타고 있었다.

어디를 둘러보든 공사가 한창이었다. 이스트미아의 오래된 포세이돈 신전을 지나던 니가노르는 신전에 인접해 식당 건물이 또 하나 들어서고 있는 것을 보았다. 시간만 허락한다면 신전에 들러, 항해를 무사히 마치게 해 준 것에 대해 작게나마 감사를 표하고 싶었다. 하지만 오늘은 그럴 시간이 없었다. 옷 한 벌을 빨지도 못한 채 몇 날 며칠 입고 또 입고 한 탓에 몸에서 냄새가 나는 만큼, 시간만 있다면 공중목욕탕에도 들렀을 것이다. 하지만 니가노르는 생각했다. 바로 이 냄새 덕분에 에라스도는 자신이 부지런히 일을 마쳤고 그 어떤 일로도 지체하지

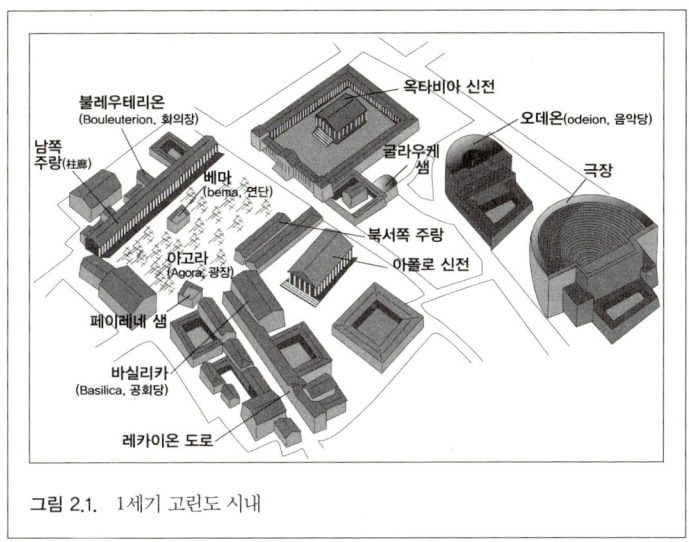

그림 2.1. 1세기 고린도 시내

그림 2.2. 아프로디테 신전에서 내려다 본 고린도 전경

않고 서둘러 돌아왔음을 알게 될 것이라고 말이다.

부지런히 걸음을 옮기던 니가노르는 도중에 크라쿠스라는 사람과 동행하게 되었다. 올리브색 피부에 근육이 울퉁불퉁하고 몸집이 거대한 남자 크라쿠스는 유명 검투사로, 아가야 지역 투기장이라면 안 가 본 곳 없이 훈련도 하고 경기도 치렀다고 했다. 195센티미터 키의 크라쿠스는 그리스인 표준으로도 작은 키에 속하는 160센티미터의 니가노르 머리 위로 우뚝 솟아 보였다. 힘세고 덩치 좋으면 건방질 수도 있을 텐데, 그런 사람치고 크라쿠스는 젠체하지 않고 상냥했으며, 그래서 그와 함께 고린도를 향해 가면서 니가노르는 기분 좋은 대화를 즐길 수 있었다.

"아가야에 있는 투기장에서 몇 번이나 싸웠습니까?" 니가노르가 물었다.

"서른세 번째 경기를 했지요. 여기 제 왼쪽 이두근에서 보시다시피, 그걸 증명할 수 있는 상처들이 있습니다. 아직 누구도 저를 꺾지 못했습니다. 삼지창과 올가미로도요. 하지만 이제 저도 내리막길에 들어섰다는 걸 실감합니다. 돈은 벌 만큼 벌었기 때문에 이 일을 꼭 더 할 필요는 없습니다. 특히 작년에 알렉산드로스에게서 자유를 산 이후로는 말입니다. 알렉산드로스는 바로 저기 저 언덕 위에 있는 검투사 학교 주인장이지요."

니가노르가 크라쿠스를 대충 한 번 훑어보았더니 굴곡진 이두근에 이런저런 흉터들이 눈에 띄었다. 특히 거대한 왼쪽 허벅지는 큰 전나무 둥치만큼 두꺼웠는데, 거기 입은 부상 때문에 크라쿠스는 다리를 살짝 절었다. 체력은 둘째 치고 몸의 민첩함을 다 잃기 전에 이제 정말 검투사 일을 그만두어야 할 때가 된 것 같았다.

"그렇다면 말입니다, 크라쿠스. 이번 이스트미아 대회 마치고 저를 도와서 다른 일을 해 볼 생각은 없나요? 여기 이스트미아에서 제가 운영하는 타베르나에 경비를 서 줄 사람을 고용할까 하거든요. 어지간한 거처도 마련해 줄 수 있고, 포도주와 음식도 양껏 먹고 마시게 해 줄 수 있어요."

"나라면 섣불리 그런 제안을 하지 않을 겁니다, 친절하신 선생님. 제가 먹고 마시는 모습을 못 보셨지 않습니까! 장담하건대 가게에서 나는 수익을 제가 순식간에 다 먹어 치울 걸요!" 크라쿠스는 진심이 담긴 웃음으로 대답했다. "그렇기는 해도 한번 고려해 볼 만한 제안이긴 하네요. 생각해 보겠습니다. 좀 덜 돌아다니고 덜 싸우며 살 수 있다면 저도 환영입니다. 정착해 살면서 가정까지 이룬다면 좋겠지요. 검투사에게 환상을 가진 고린도 여자들이 아직도 좀 있을까요?" 그렇게 말하며 크라쿠스는 두 눈을 끔벅하며 눈동자를 굴렸다.

니가노르는 낄낄거리며 대답했다. "'좀'이 아니라 '많을' 겁니다. 고린도의 담벼락 낙서로 판단해 보건대 말입니다. 얼마 전에 '안드로니쿠스는 내 영웅, 나는 그의 강한 사랑을 갈망한다. 다프네'라고 쓰인 낙서를 봤어요. 글을 읽고 쓸 수 있을 만큼 배운 여자가 고린도의 회벽에 그런 낙서를 할 정도라면 검투사 인기를 알 수 있지 않습니까."

두 사람의 대화는 그 뒤로도 이십 분 남짓 더 이어지다가 갈림길에 이르러서야 끝이 났다. 크라쿠스는 고린도 시내로 들어가기 위해 곧장 레카이온 도로 쪽으로 향했고, 에라스도의 사유지가 있는 아크로코린트 쪽 언덕으로 올라가야 하는 니가노르는 왼쪽으로 방향을 틀어 남서쪽 모퉁이를 돌아야 했다. "만나서 반가웠습니다, 크라쿠스." 니가노르가 말했다. "다음 번 경기 때 신들이 당신을 보호해 주고 은총을 베풀어 주기를…. 경기 마치고 고린도의 우리 가게에 한 번 오세요. 고린도식 기둥 그림이 있는 간판을 찾으면 됩니다. 그럼 안녕히 가세요."

올리브색 피부에 머리카락이 새까만 그 건장한 남자는 미소 띤 얼굴로 손을 흔들며 성큼성큼 오른쪽 길로 걸음을 옮겼다. 니가노르는 그런 거인을 고용하게 될 수도 있다는 생각에 기분이 들떴다. 크라쿠스가 가게에 있으면 그 존재 자체만으로도 모든 손님들이 친절하고 안전한 분위기를 느낄 수 있을 것 같았고, 가게가 술주정뱅이와 밤의 여인들에게나 친숙할 법한 퇴폐적인 곳으로 변질되지 않도록 막아 줄 것 같았다. 고용하는 비용이 얼마가 들든, 크라쿠스는 그만 한 값어치를 할 테고, 전직 검투사라는 이력으로 그는 경기장에서 벌어지는 시합과 승리와 비극적 이야기라면 시간 가는 줄 모르고 수다 떨기 좋아하는 사람들에게서 무언가 사업이 될 만한 일을 유치할 수도 있을 터였다.

● 자세히 들여다보기 ●

검투사와 검투 경기(1부)

그리스인들은 오랜 세월에 걸쳐 2년이나 4년에 한 번씩 여러 다양한 종류의 대회(예를 들어, 저 유명한 올림픽 대회)를 열었지만, 피를 보는 스포츠(사람과 사람이 목숨을 걸고 벌이는 싸움)는 비교적 근간에 추가된 새로운 종목으로, 로마 제국의 성장과 더불어 크게 인기를 얻게 된 오락의 한 유형이었다. 검투는 처음에 에트루리아인들의 스포츠로 로마에 전해진 것이지 동방에서 생겨난 스포츠는 아닌 것으로 보인다. 좀 더 확실히 말해 이 경기는 주전 1세기와 주후 2세기 사이에 절정에 이르렀다. 검투 경기는 로마인이 맹렬한 전사라는 메시지를 제국의 먼 지역 사람들에게 전했으며, 정복군 로마 군단의 최선봉 지역에서도 많은 사람들이 이미 이 메시지를 전달받았다. 지난 몇 세기 로마 제국이 쇠락해 가는 동안의 사회/경제적 격변 가운데서도 검투 경기와 경연이 계속되었다는 사실이 좀 놀랍게 여겨질 수도 있다. 심지어 기독교가 법적 종교가 된 후에도, 그리고 당연한 순서에 따라 제국의 공식 종교가 된 후에도(사실 콘스탄티누스는 주후 325년에 검투사들의 시합을 금지했다) 검투사들이 힘을 겨루는 대회는 제국의 후원을 받았다고 한다. 지금까지 알려진 최후의 검투사 대회는 주후 5세기 말에 있었다.

검투사들은 대부분 노예 아니면 전쟁 포로로 잡힌 군인들로, 혹독한 조건 아래 훈련받았으며, 로마의 귀족들은 대개 이들을 일반 시민들과 격리해야 한다고 생각했다. 하지만 이런 조치도 일부 귀족과 평민 여성들이 경기장에서 이 스타 검투사들을 보고 기절하는 사태까지 막지는 못했다. 크게 다치지 않고 은퇴한 검투사들은 제국 전역에서 부자의 경호원으로 고용되었다.

신약 성경 시대에 검투사는 이들을 조련하는 사람과 소유주에게 큰 수익을 안기는 사업체이기도 했다. 정치가로 야심을 키우는 사람이나 정치인으로 살며 일련의 요직을 두루 거쳐 이미 '쿠르수스 호노룸'(cursus honorum)[6]의 정점에 이른 사람에게도 마찬가지였다. 정치적 야심이 있는 일반 시민의 경우, 아버지가 세상

---

6 로마의 공화정과 초기 제정 시대에 공직의 순서나 과정을 일컬었던 말. 로마인은 이 일련의 과정을 차례로 거치는 것을 명예롭게 여겼고 이 과정은 관직 승진 수순으로 존중받았다.-옮긴이

을 떠났을 때 장례식을 미뤘다가 선거철에 검투 경기로 장례 의식을 치르면서 화려한 볼거리를 제공하고 표를 얻기도 했다.[7] 권력을 추구하는 사람이나 이미 권력의 자리에 있는 사람 할 것 없이 모두 평민과 호민관의 지지를 필요로 했으며, 이 사람들은 어느 쪽이든 스릴 만점의 볼거리를 제공하는 이에게 표를 던질 수 있는 사람들이었다. 앞으로 살펴보겠지만, 조영관 자리를 놓고 에라스도와 경쟁하는 이는 출마 시기에 맞춰 검투 경기를 주최함으로써 인기를 높이려고 한 반면, 에라스도는 '레이투르기아'(leitourgia, '전례'를 뜻하는 'liturgy'는 이 말에서 나왔다), 즉 '공공 봉사' 프로젝트로 유권자들의 지지와 인기를 얻기로 결정했다.

작은 언덕을 오른 니가노르는 잘 경작된 거대한 올리브 숲에 이르렀다. 벌써 초록색 올리브 순이 자그마하게 올라오기 시작하는 것이 눈에 띄었다. 고린도는 사면이 '마레 노스트룸'(Mare Nostrum), 즉 로마인들이 '우리 바다'라고 부르는 따뜻한 물에 에워싸여 있어서, 한 달 남짓만 지나면 진짜 봄이 무르익기 시작할 터였다. 산중에 세워진 델피 같은 도시와 달리 고

---

[7] 주전 65년, 새 조영관으로 선출된 율리우스 카이사르는 당시 20년 전에 세상을 떠난 아버지의 장례식 명목으로 검투 경기를 열었다고 한다.-옮긴이

린도는 여름에는 바다에서 불어오는 온화한 미풍의 혜택을 입었고 겨울에는 난류의 혜택을 누렸다. 거기에 비옥한 토양까지 갖춘 고린도는 상인들과 갖가지 물산이 모이기에 최적의 장소였을 뿐만 아니라 온갖 종류의 농사와 작물을 위해서도 더할 나위 없이 좋은 곳이었다. 가장 주된 작물은 올리브와 포도였고, 밀과 보리 같은 다양한 곡물도 키웠다. 자부심 강한 그리스인으로서 니가노르가 인정하기 싫은 사실이긴 하지만, 로마인들이 남부 그리스에까지 훌륭한 도로를 깔아 준 것에 대해서는 충분히 감사할 만했다. 하지만 여기도 도로고 저기도 도로였다. 긴히 쓰이는 길로서 비교적 매끈한 도로도 있었고, 그다지 중요하지 않아서 포장이 안 된 길도 있었다. 이제 니가노르는 지협에서 시작되어 해안을 따라 이어지다가 내륙으로 돌아 고린도 본토로 향하는 해로를 따라 꽤 먼 거리를 왔다.

● **자세히 들여다보기** ●

검투사와 검투 경기(2부)

경기장에 나갈 때 검투사들은 옷을 가능한 한 적게 입어서 몸을 민첩히 움직일 수 있도록 했다. 검투사들이 입거나 몸에 지니는 것들의 간략한 목록은 다음과 같다.

의복과 보호 장구

- 수블리가쿨룸(subligaculum): 허리에 두르는 간단한 옷
- 갈레아(galea): 투구
- 마니카이(manicae): 가죽으로 만든 팔꿈치나 손목 보호대
- 오크리아(ocreae): 금속이나 가죽으로 만든 정강이 보호대
- 파르마(parma): 원형 방패
- 스쿠툼(scutum): 큰 직사각형 방패

무기류

- 글라디우스(gladius): 검
- 하스타(hasta): 창
- 시카(sica): 단검
- 이아쿨룸(iaculum): 투망
- 트리덴스(tridens): 삼지창

비교적 더 인기 있는 검투사 유형으로는, 말을 타고 싸우는 에쿠에스(eques), 짐승과 싸우는 베스티아리우스(bestiarius), 전차를 타고 싸우는 에세다리우스(essedarius), 삼지창과 그물을 가지고

싸우는 레티아리우스(retiarius), 말을 탄 채 활을 쏘는 사기타리우스(sagittarius), 크라쿠스처럼 주목할 만한 성과를 통해 자유를 상으로 받거나 돈으로 산 자유 검투사 루디아리우스(rudiarius)가 있었다.

보통 검투 경기는 경기장에서 맹수를 상대로 하는 싸움과도 연결되었다(고전 15:32를 보라). 고린도에서 매매되던 노예들 중에는 주인이 검투사로 훈련시킬 목적으로 산 노예도 있었던 것이 틀림없다. 놀랍게도 자유민 중에도 검투사가 되어 불운한 삶에서 벗어나려는 이들이 있었는데, 특히 가난한 사람들이 그랬다. 왜냐하면, 누구든 검투사 학교에 들어가면 의식주가 제공되고 훈련도 받을 수 있고 갑옷과 무기가 주어지기 때문이다. 검투사를 키우는 학교는 〈그림 2.3〉의 로마 근처 유명한 검투사 학교처럼

그림 2.3. 로마에 있는 검투사 훈련 학교 루두스 마그누스(Ludus Magnus)

대개 정교한 체계의 구조물이었다.

똑똑한 주인들은 자기가 소중히 여기는 검투사라면 사회적 출신이 어떠하든 대우를 잘해 주었으며, 검투사들은 경기에 나가 받은 상금과 상품을 자기가 갖는 것이 관례였다. 디베료(티베리우스) 황제는 경기에 나갔다 무사히 돌아온 검투사들에게 100,000세스테르스라는 어마어마한 돈을 제공했으며, 네로 황제는 검투사 스피쿨루스에게 "유명한 전쟁에서 승리를 거둔 사람들에게 하사하는 금액과 맞먹는" 상금을 내렸다고 전해진다. 마르쿠스 안토니우스(Marcus Antonius)가 검투사들을 개인 경호원으로 임명했다고 알려진 것은 놀라울 것도 없는 사실이다.

하지만 대다수 검투사들은 경기에서 살아남으리라고 기대하지 않았다. 실제로 검투사들은 경기에 나가기 전 모두 서약을 했다. "불에 데거나, 묶이거나, 맞거나, 검에 죽임을 당해도 다 감당하기로 서약합니다." 그럼에도, 큰 상금이 걸린 경기일 경우, 여기서 운 좋게 이긴 검투사는 그 돈으로 노예 신분에서 벗어나 평범한 사람으로 살면서 장수할 수 있었다. 물론 자신을 소유한 사람이 기꺼이 협조해 준다면 말이다.

2킬로미터 정도를 더 걸으니 조붓한 길이 시작되었다. 너무 좁아서 부자들이 타고 다니는 로마식 마차는 들어갈 수 없는 길이었다. 하지만 사람들이 작은 수레를 끌고 다니고 있어서 니가노르는 왼쪽 오른쪽으로 수레를 피해 가며 걸음을 옮겨야 했다. 그뿐만 아니라 수레바퀴가 파 놓은 깊은 홈에 빠지지 않도록 주의해야 했다. 도로에는 늘 이런 위험이 있어서, 자칫하면 발목을 삘 수가 있었다.

에라스도에게는 무슨 말부터 먼저 해야 할까? 물론, 계약 성사 이야기를 가장 먼저 해야 할 것이다. 그런데, 그다음에는? 조영관 자리를 놓고 에라스도와 경쟁하는 사람이 어떤 제안을 했는지 감히 이야기를 꺼낼 수 있을까? 니가노르를 자기 밑에 두기 위해 에라스도가 일종의 입찰 경쟁에 과연 나서 줄까? 에라스도는 니가노르로 하여금 침묵과 영원한 충성을 맹세하게 할 수 있을까?

이런 문제들을 곰곰 생각하노라니 니가노르는 불안감 때문에 뱃속이 뭉치는 것 같았다. 누구 편에 서든, 파멸을 초래할 수도 있는 위험한 게임의 그물에 걸려들었다는 생각이 들었다. 적의를 품은 경쟁이 시작되었고, 이 경쟁의 와중에서 니가노르는 불리한 패를 쥐게 될지도 몰랐다. 결국 법정에까지 가서 갈리오 총독 앞에 서게 될 가능성은 말할 것도 없고 말이다. 게다가 갈리오는 지역에서 분쟁이 발생하는 것을 질색하는 사람이었다. 쉽게 해결될 수 없는 딜레마였다. 살얼음판을 걷듯, 깊이 생각하며 한 걸음 한 걸음 신중하게 내디뎌야 했다.

그림 2.4. 로마의 도로

그림 2.5. 마차

● 자세히 들여다보기 ●

로마의 도로

첫 번째 유형의 도로 '비아이 푸블리카이 레갈레스쿠이'(viae publicae regalesque)는 공공 도로이자 왕이 다니는 도로로서, 공적 자금으로 건설되고 유지되었다. 이런 도로는 도심이나 수원(바다, 호수 또는 강)으로 이어지거나 다른 공공 도로와 연결되었다. 이런 도로들은 '쿠라토르'(curator), 즉 지방 행정관의 관할 아래 있었으며, '레뎀프토르'(redemptor), 즉 하청업자가 보수를 맡았다. 도로 건설과 유지에 공적 자금이 할당되는 것과 별개로, 이 길로 통행하는 사람들은 통행료를 내야 했다.

오래된 도로는 도로의 목적지나 도로가 지나는 지역에서 그 이름을 따오는 경향이 있었다. 하지만 감찰관이 어떤 도로에 대해 포장이나 재포장 혹은 경로 변경 같은 공사를 지시할 경우 도로 이름이 바뀔 수도 있었다. 사실 레카이온 도로(Lechaion Road)는 원래 레카이움으로 가는 길이었지만, 지금은 로마식 이름을 지니게 되었다.

도시에서는 도로 주변의 토지 소유주들에게서 일정한 기부금을 거둬들였다. 예를 들어 로마의 경우, 지주(地主)들에게는 자기 땅을 지나는 가도(街道)를 유지 관리할 책임이 있었다. 따라서 에라스도 같은 사람들은 당연히 여행은 물론 상업 용도로 자신이 특별히 그런 도로를 사용할 권리가 있다고 여겼다.

3. 파울로스, 브리스길라, 아굴라

　파울로스, 예루살렘에서 온 그 유대인은 니가노르가 곡물 수송선에서 내릴 무렵 벌써 레카이온 도로에 있는 가게에 나와 앉아 있었다. 아침형 인간인 파울로스는 갖가지 부상으로 몸이 상한 탓에 지난 수년간 밤에 숙면을 취하지 못하는 상태였다. 지금 그는 킬리키움(cilicium), 즉 검정 염소 털가죽을 열심히 바느질하는 중이었다. 킬리키움은 파울로스가 태어난 곳 길리기아에서 따온 이름이었다. 시내의 주거용 건물 안에 지어진 상점들과 달리 바울이 임대한 공간은 상업용으로만 설계된 구조였다. 검은 벽돌로 지은 그 가게로 들어가려면 수도교(水道橋)를 떠받치는 커다란 아치 형태의 입구를 지나야 했다. 가게 벽에는 갖가지 가죽 제품이 매달려 있었고 가게 안에도 두

그림 3.1. 고린도의 레카이온 도로에 있는 상점

루 진열되어 있었다. 겨울용 외투로 쓰는 닳아빠진 모피, 포도주 담는 "가죽 부대", 마구(馬具), 혁대, 그리고 물론 천막도 있었다. 이곳은 사실 파울로스, 브리스길라, 아굴라 세 사람이 임대한 가게였다.

파울로스는 다소(Tarsus)에서 태어났지만 예루살렘에서 자랐고, 상당히 높은 사회적 신분을 지닌 사람이었다. 다소 시민이었던 파울로스의 부모는 그 지역에 주둔하는 로마 군대에 천막 납품하는 일을 한 덕분에 로마 시민권까지 갖게 되었다. 파울로스는 고린도 같은 도시에서는 그런 신분과 시민권을 소유하는 것이 부활하신 주 예수를 전하는 자신의 연설을 두고 발생활 이런저런 어려운 일들을 헤쳐 나가는 데 전략적 카드가 될 수 있음을 잘 알고 있었다.

이 무렵의 파울로스는 머리가 벗겨진 중년 남자였다. 외모는 평범한 장사꾼이었지만, 그는 가말리엘 문하와 그리스 수사학 학교에서 제대로 교육받고 예루살렘에서는 철학을 공부한 사람이었다. 파울로스는 지금 15년 넘게 예수의 신성을 증언해 왔다. 아직 미숙하고 파당 싸움을 일삼는 고린도의 다양한 그리스도인 공동체가 파울로스의 수고를 여실히 말해 주었다. 이제 1년을 꽉 채운 고린도에서의 두 번째 사역은 회당은 물론 이교도들 틈으로까지 상당히 파고들어 갔다. 예수를 따르는 이들이 모여 앉아 예수의 몸을 먹고 피를 마신다고들 하는 그 은밀한 만찬 모임에 관해 고린도를 중심으로 온갖 종류의 소문이 퍼져 나가고 있었다. 이교도 주민들 중에는 이것이 식인 풍습 아닐까 걱정하는 이들도 있었다. 이 모임은 모종의 동방 신비 종교였을까? 고린도는 두 개의 항구가 교차하는 곳이었기에 노예와 다양한 인종 집단이 모여드는 것 못지않게 다양한 종교도 모여드는 것 같았다.

파울로스는 고린도에서 볼 수 있는 가지각색 사람들에게 종종 경탄하곤 했다. 검디검은 에티오피아 사람에서부터 거의 백합꽃처럼 하얀 북부 골(Gauls) 사람에 이르기까지 상상 가능한 온갖 피부색을 지닌 사람들을 이따금 노예 시장에서 볼 수 있었다. 그러나 대다수 사람들의 피부 색깔은 그 극과 극 사이 어디쯤이었고, 가장 많이 보이는 피부색은 햇볕에 그을린 황갈색이나 올리브색이었다. 이 모든 광경과 관련해 흥미로운 점은, 사람이 어떤 인종 집단이나 종족에 속했느냐는 많은 이들에게 확실히 중요한 문제이기는 하지만, 교만이나 편견의 근거 역할을 하는 것은 대체적으로 피부 색깔이 아니라는 사실이었다. 로마 제국의 어디에서 온 어떤 사람이든, 이제 일정한 기준만 충족하면 "로마" 시민일 수 있었으며, 바울이 판단하기에 인종상으로는 로마인이나 에트루리아인이 아니면서도 로마인이나 에트루리아인과 다름없는 로마 시민인 이들이 많았다! 바울 당시에는, 로마 제국의 발흥과 함께 "로마적인 것"(Romanness), 그리고 심지어 '시민'이라는 말도 완전히 새롭고 비(非)국지적인 의미를 갖게 되었다.

반짝이는 아침 햇살이 가게 남쪽으로 스며들어와 파울로스가 천막에 바느질도 하고 가죽을 잘라 특정한 모양을 만들기도 하는 작업대를 비추었다. 이스트미아 대회가 멀지 않았고, 그래서 천막 장사가 다시 시작되고 있었다. 파울로스는 천막을 대량으로 주문받았다. 그가 천막을 만들어 납품하면, 천막 판매상은 경기장 바로 옆 들판에서 야영하는 사람들에게 이를 대여해 줄 터였다. 경기가 한창 진행될 즈음이면 어림잡아도 고린도와 이스트미아 인구 수만큼의 관광객이 찾아올 것이고, 따라서 이들의 임시 숙소가 많이 필요했다.

파울로스는 가죽을 가공하고 천막을 만드는 일로 생계를 유지해 왔는데, 이렇게 할 수 있었던 것은 동료 사역자인 브리스길라와 아굴라의 도움 덕택이기도 했다. 브리스길라는 로마에서 온 지체 높은 여인이었고, 남편 아굴라는 본도(Pontus) 출신이었다. 이 유대인들은 파울로스를 만나기 오래전, 로마에 있을 때 예수를 따르게 되었고, 파울로스가 고린도에 와서 가죽 가공 조합 회원들을 찾아다니던 때 만나서 곧바로 우정을 맺기 시작했다. 브리스길라와 아굴라는 주후 49년, 예수를 따르는 다른 유대인들과 함께 글라우디오(Claudius) 황제에 의해 로마에서 추방되었다. 예수에 관해 설교하는 자들이 로마의 회당과 유대인 공동체에 분란을 일으킨다는 것이 추방 이유였다. 브리스길라와 아굴라가 고린도에 와서 산 지는 2년쯤 되었고, 파울로스는 지난 한 해 정도 이들과 동업해 왔다. 오늘 아침, 브리스길라는 파울로스에 이어 두 번째로 가게에 도착했다.

"은혜와 평강을 빕니다, 파울로스." 아침 아홉 시, 브리스길라가 가게 안으로 들어오며 인사했다. 바느질이 잘된 풀오버식의 검푸른색 토가를 단정하게 차려입은 이 중년 여인은 어

● 자세히 들여다보기 ●

바울의 외모

그림 3.2. 바울과 테클라(Thecla)를 묘사한 프레스코화

「바울과 테클라 행전」(Acts of Paul and Thecla)이라는 2세기 외경 문서 시리아어 사본에는 바울이 다음과 같이 묘사된다. "그는 크지도 작지도 않은 체구에 머리숱이 얼마 안 되는 사람이었고, 다리가 약간 휘고 무릎은 툭 튀어나왔으며, 눈이 크고 양쪽 눈썹이 맞닿아 있고, 코가 다소 길고, 은혜와 자비로 충만했다. 그는 어떤 때는 사람으로 보였다가 또 어떤 때는 천사처럼 보였다." 이 묘사는 고대 에페소스(Ephesos)보다 훨씬 위쪽 에베소(Ephesus) 시의 한 동굴에서 발견되어서, 예배 때 쓰인 초기 바울 초상의 기반이 되었다(〈그림 3.2〉를 보라).

바울의 외모에 대한 이 묘사가 얼마나 정확한지 우리로서는 확신할 수 없다. 그리고 어떤 경우든, 바울이라는 사람의 외모보다는 이 사람의 됨됨이에 관해 무언가를 알려 주는 것이 이 묘사의 역할이다("천사처럼 보였다"라는 말이 언급된 것은 바로 그래서다). 고대 도상학(圖像學)에서 넓은 이마는 단순한 총명보다는 지혜의 표시였으며, 고대 사람들에게 눈은 마음의 창으로 여겨졌기에 눈이 크다는 것은 곧 마음이 넓거나 깊다는 뜻이었다.

「바울과 테클라 행전」에서 바울의 외모를 묘사하는 말은 코가 길고 숱 많은 두 눈썹이 서로 맞닿은 유대인 남자에 대한 고정 관념적 묘사를 보여 주는 것 같기도 하다. 바울 시대에 유대인 남자의 키가 크지도 작지도 않았다는 말은 165센티미터에서 178센티미터 사이 어디쯤이라는 뜻일 것이다. 고대의 기준으로 보더라도 바울이 거구가 아닌 것은 확실하다. 다리가 휘었고 무릎이 튀어나왔다는 말은 노상(路上)에서 많은 시간을 보내 노화가 급속히 진행된 사람을 가리키는 말로 이해할 수 있을 것이다. 바울의 실제 외모가 어떠했든, 유대인의 기준으로 보거나 그리스도인의 기준으로 보거나 그는 덕망 높은 거룩한 사람이었고 오랜 세월 많은 곳을 돌아다닌 지혜로운 사람으로 보였다는 사실을 전달하려는 것이 이 묘사의 의도다.

느 모로 보나 여주인의 품격이 돋보이는 귀족 여인이었다. 사실 브리스길라는 로마의 프리실리안 집안 사람이었지만, 상당수 로마 귀족 여성들이 그러하듯 동방 종교에 관심을 갖게 되었다. 처음에는 유대교에 관심이 있었는데, 로마인의 눈에 유대교는 합법적 종교였다. 이어서 브리스길라는 유대인의 메시아 예수를 따르는 일에 마음이 끌렸는데, 로마의 일부 유대인과 다수의 이방인은 주축 사도들이 로마에 들어오기 오래전인 십 년 전부터 이 메시아를 신봉해 왔다. 브리스길라가 소아시아 출신의 순회 천막 판매상인 남편 아굴라를 만난 것은 로마의 회당에서였다. 유대인 예수를 좇는다는 것이 얼마나 위험한 일이었느냐면, 만일 로마인이 그런 부류 종교를 특이한 유대교 분파가 아니라 다른 어떤 것으로 여겨 이에 귀의할 경우, 이 사람은 박해의 대상이 되기 쉬웠으며, 불법 종교를 신봉하는 사람으로 고소당하거나 심지어 처형될 수도 있었다.

"평강하시길요, 브리스길라." 파울로스는 미소 띤 얼굴로 대답했다. "올봄에는 천막 만드는 일에 파묻혀 살게 될까 봐 걱정이네요. 예수님을 전할 시간이 별로 없을 것 같아요."

"그러게요. 후견인의 보호를 안 받으려 하시니 이런 고생을 하시죠."

● 자세히 들여다보기 ●

후견인과 피후견인, 상호주의 관습

그리스-로마 세계에서는 사회적 관계가 오늘날 서양 세계와는 다르게 작용했다(오히려 오늘날 여러 비[非]서양 세계에서의 사회적 관계와 훨씬 더 비슷하다). 상호주의, 혹은 받았으면 반드시 그만큼 갚기가 귀족과 이들의 보호를 받는 사회적 하위 계층 간 관계의 특징이었으며, 이는 사회적으로 동등한 위치에서 상거래를 하는 사람들 사이의 특징이기도 했다.

귀족 후견인과 이들에게 종속된 평민 피후견인 관계(patron-client relationship)는 친구 사이(friendships, '아미시티아'[amicitia])라고 완곡하게 표현되었다. 그리고 이것이 바로 바울이 자신의 편지에서 그런 표현을 거의 쓰지 않은 한 가지 이유임이 분명하다. 그런 표현을 썼다가는 바울과 바울이 회심시킨 사람들이 후견인과 피후견인 관계였다는 암시를 줄 수 있기 때문이다. 이런 종류의 사회적 관계가 존재한 것은 고대 사회와 그 시대 경제생활의 특성 때문이었다. 고대 사회는 고도로 계층화된 사회로서, 상위 5퍼센트 정도가 대부분의 부(富)는 물론 경제까지 쥐락펴락했다. 로마의 법과 관습이 지배하는 고린도 같은 로마 식민 도시가 특히 그런 경우였다. 사회적 하위 계층은 일단 누군가의 피후견인이 되면 더는 자기 마음대로 오고 갈 자유가 없었다. 이 사람은 일종의 머슴에 가까웠다. 은행이 아니라 후견인이 돈을 대부해 주는 사회, 정부에서 관장하는 적절한 사회 안전망이 없는 사회에서, 사회적 신분이 낮은 다수 사람들의 생존을 위해 후견인과 피후견인 관계는 꼭 필요했다.

그래서 고린도에서 바울은 "거저 받는 것"을 피하고 후견인의 보호를 받지 않으려고 부지런히 일했다. 왜냐하면 그런 것들에는 늘 부대조건이 따르기 때문이다. 고린도 사람들은 당파적 태도가 강했기 때문에, 만약 바울이 그곳에서 후견인의 보호를 받기로 했다면 아마 너도 나도 바울의 후견인이 되려고 하는 경쟁심만 격화시켰을 것이다. 후견인의 보호는 단순히 경제/사회적 권력이나 지배권의 문제가 아니었다. 이는 명예와 수치의 문제였으며, 더 나아가 영적/종교적 통제권의 문제였다. 복음이 돈으로 살 수 있는 상품으로 보일까 봐, 또한 복음을 전하는 사도들이 돈으로 고용될 수 있는 사람으로 보일까 봐 바울은 이 사회적 네트워크의 지뢰밭을 조심조심 발끝으로 통과해야 했다. 간단히 말해서, 바울은 자신의 로마 시민권을 이용해 복음 전도를 진척시키기를 꺼려했던 것과 똑같은 이유로 후견인의 보호 받기를 피했다. 두 경우 모두, 그렇게 했다가는 고착된 사회적 계층 구조를 그 사회에 더 깊이 새겨 넣는 결과를 낳았을 것이다. 이와

> 반대로 바울은 그리스도 안에는 종도 자유자도 없고, 귀족도 평민도 없고, 유대인도 이방인도 없으며, 남자와 여자도 없다고 믿었다. 그리스도 안에서는 모두가 하나다.

"물론 맞는 말씀입니다. 제가 왜 후견인을 거부하는지 우리 부자 친구분들에게 이유를 설명하기가 좀 힘이 듭니다. 예를 들어 에라스도 같은 사람은 제 생각을 이해하지 못합니다. 제가 후견인 제안을 거절하니 당혹스러움을 감추지 못하더군요. 그런데 사실 저는 그런 상호적 관계에 매여 있을 여유가 없습니다. 만찬장에서 누군가에게 사례비를 받고 식후 연설하는 사람으로 고린도에 묶여 있을 제 모습이 눈에 선합니다!"

"네." 브리스길라가 대답했다. "법정에서 갈리오 총독과 화가 잔뜩 난 그 회당 지도자들을 상대할 준비도 하셔야 하는 것은 말할 것도 없고요. 그 사람들은 선생님이 자기들에게 수치를 안겼다고 생각하고 있어요. 그럴 만도 하지요! 회당 장로를 한 사람도 아니고 두 사람이나 회심시키셨잖아요!"

"맞습니다, 브리스길라. 늘 그랬듯이요. 빌립보에서처럼 로마 시민권 카드를 꺼내 들어야 하는 상황이 되지 않기를 바랄 뿐입니다." 한숨을 내쉬며 다소 슬퍼 보이는 미소를 지어 보인 파울로스는 다시 바느질거리로 시선을 떨구었다. "아굴라의 이번 출장길은 어떤 것 같습니까?"

"아시다시피, 남편은 데살로니가에 배를 타고 가기를 고집했지요. 하지만 이번 주에 육로를 통해 남쪽으로 가게 될 거예요. 2월에 바닷길을 오갈 것을 생각하니 겁이 나서, 돌아올 때는 시간이 더 걸리더라도 육로로 오라고 제가 겨우 설득했어요. 그 작은 연안 여객선을 타고 겨울 바다 파도에 시달리다가, 어쩌면 좌초될 위험도 있다고 생각하니…. 불안해서 견딜 수가 없네요."

"솔직히 말씀드리면 아굴라 형제의 출장에 신경을 못 썼습니다. 우리 회당 지도자들하고 화해하려 애쓰다 보니 신경이 온통 그 일에만 쏠려 있었나 봅니다. 그런데 그 사람들은 그런 노력을 하지 않네요. 원래는 아굴라 편에 데살로니가 형제자매들에게 보내는 편지를 전하고 싶었습니다. 그들에게 읽어 주라고요. 그런데 우리 가정교회들 문제 해결하는 데 집중하랴, 이 천막 만들랴, 심문 준비하랴, 그럴 시간이 없었네요."

"선생님도 저도 이제 남은 시간이 점점 줄어들고 있잖아요." 씩 웃으며 대답하는 브리스길라의 눈가에 주름이 잡히는 것이 보였다.

이 두 친구는 대화에 몰두하느라 한 청년이 파피루스 두루

마리를 손에 들고 문가에 서 있는 것을 알아채지 못했다.

"실례합니다만, 다소의 파울로스 선생이십니까?" 청년이 소심한 목소리로 물었다.

"그렇소만, 젊은이. 내가 뭐 도울 일이라도?"

"'악티오 프리마'(actio prima, 1심) 재판에 관해 선생님께 전해 드릴 서류가 있습니다. 이틀 후 이 길 바로 아래에 있는 '베마'(연단)의 갈리오 총독 앞으로 출두할 것을 명 받으셨습니다."

파울로스는 일어나서 서류를 건네받았다. 두루마리를 펼쳐 빠르게 훑어본 파울로스는 고개를 들어 청년에게 말했다. "고맙소, 젊은이. 임무를 다했으니 이제 가 봐도 좋아요. 출두하겠다고 전해 주시오."

파울로스는 대다수 로마 식민 도시에 대체적으로 유대인을 향한 적대감이 있다는 것을, 그리고 그 유대인이 말썽을 피울 경우엔 특히 더 그렇다는 것을 잘 알고 있었다. 소문을 들으니 갈리오는 파울로스가 예루살렘에 있을 때인 20년 전, 나사렛 예수가 십자가에 못 박힐 당시 예루살렘 총독이었던 본디오 빌라도 못지않게 유명한 반(反)유대파라고 했다. 그나마 반가운 소식이라고는 이 송사의 경우 원고와 피고가 모두 유대인이라는 것뿐이었다. 당연히 갈리오는 어느 쪽 편도 들지 않을 터였다.

"파울로스 선생님, 내일모레 있을 일에 관해 우리는 기도해야 해요. 지금 할까요?"

"그렇고말고요, 브리스길라 자매님. 여기 앉아서 함께 기도합시다."

사람들은 물건을 사거나 아침에 해야 할 일을 하면서 레카이온 도로를 지날 뿐, 중년의 두 유대인이 고요히 머리를 숙이고 두 손을 높이 든 채 주 예수께 기도를 올리며 곧 있을 재판 때 도와주시기를 간청하는 모습은 눈여겨보지 않았다.

기도를 마친 브리스길라는 장도 보고 다른 해야 할 일들도 있어서 나가고, 파울로스는 작업장에 혼자 남았다. 못이 박이고 쭈글쭈글 나이 들어가는 그의 두 손이 두툼한 가죽을 능숙하게 바느질해 천막 솔기를 만들었다. 고질병인 시력 문제는 손으로 무언가를 만들어야 하는 사람에게는 골치 아픈 일이었다. 하지만 가게 입구를 등지고 앉은 그의 작업대를 비추는 오전의 햇빛 덕분에 요 며칠 천막 제작 일은 꾸준히 진척되고 있었다.

"실례합니다, 파울로스." 어깨 너머로 귀에 익은 음성이 들렸다. "잠깐 시간 있으세요?" "물론 그대라면 시간 있고말고요, 스테바나, 내 친구." 파울로스는 자리에서 일어나 손님을 껴안았다. 이 사람은 일 년 전 온 가족과 함께 그리스도를 영접한 친구였다. 파울로스는 고린도의 동쪽 항구 겐그레아 근처

3. 파울로스, 브리스길라, 아굴라

바다에서 이들 가족에게 세례를 주었는데, 그곳은 뵈뵈를 비롯해 그리스도의 제자들 몇이 사는 동네였다.

파울로스 옆의 빈 걸상에 앉은 그 붙임성 좋은 유대인 남자는 이렇게 묻기 시작했다. "그리스도께서 십자가에서 죽으신 것이 속죄라는 개념을 우리 유대인 친구 몇 사람에게 설명하려고 하는데, 어떻게 하면 설명을 더 잘할 수 있을까요? 이 친구들은 십자가에 달려 죽는 죽음이, 아니 말이 나왔으니 말인데, 일반적으로 수치스럽게 여겨지는 그런 죽음이 우리를 죄에서 깨끗하게 하는 길이 될 수 있다고 생각하는 데 익숙하지 않거든요."

파울로스는 걸상을 돌려 앉아 스데바나의 눈을 가까이 들여다볼 수 있게 자리를 잡고는 이야기를 시작했다. "메시아가 십자가에 달려 죽었다는 것은 대다수 유대인에게 창피한 이야기라는 걸 나도 알아요. 말하자면, 모순으로 들리지요. 하지만 이사야 선지자가 하나님의 고난 받는 종에 대해 뭐라고 말했는지 잠깐 생각해 봅시다.…"

• 자세히 들여다보기 •

바울, 시력에 문제가 있었던 몽상가

갈라디아서 4:15로 판단해 볼 때, 바울은 눈에 문제가 있었던 것 같다. 애초에 병 때문에 그 지역에 오게 되었다고 갈라디아의 회심자들에게 말하고 난 뒤 바울은 이렇게 덧붙인다. "너희가 할 수만 있었더라면 너희의 눈이라도 빼어 나에게 주었으리라." 눈이 영혼의 창이라는 말이 있다시피, 누가 봐도 알 수 있는 모종의 안질환을 지닌 사람이 찾아온다면, 많은 이들이 이를 보고 그 사람의 영혼은 불안정하리라 생각할 것이다. 실로 그 사람은 눈빛만 봐도 불쾌해지는 그런 부류의 사람일 수도 있다.

바울은 자신의 상태가 갈라디아 교인들에게 시험거리가 되었음에도 이들이 자신을 영접하되 마치 천사인 것처럼 영접해 주었다고 말한다. 이들은 바울에게 침을 뱉지도(흉악한 눈을 가진 사람이 가까이 오지 못하게 하려고) 모욕하지도 않았으며, 오히려 예수님을 영접하는 듯한 태도로 그를 영접했다. 아마도 눈 문제는 바울에게 육체의 가시였을 것이며, 바로 이 점이 누가 같은 의사가 왜 그에게 환영받는 동행이었을지 그 이유를 설명해 준다. 또한 이 점은 바울이 왜 큰 글자로 서명을 했는지도 설명해 줄 것이다 (갈 6:11). 어쩌면 바울은 다메섹 도상에서 실명한 후 완전히 회복

되지 않은 것인지도 모른다.

바울의 눈 문제가 중요한 이유는, 바울 같은 연설가에게 외모는 그가 하는 연설의 윤리성(ethos)이나 권위를 확립하는 데 결정적으로 중요했기 때문이다. 고린도후서 10:10에서 바울은, 고린도 사람들이 자신을 가리켜 편지는 수사학적으로 무게가 있지만 외모는 허약하고 말은 시원치 않다고 흠잡았다고 말한다. 말이 시원치 않다는 것은 아마 바울의 억양에 대한 의견일 텐데, 바울의 말은 아덴 식의 우아한 그리스어 발음과 어조를 구사한다는 느낌으로 다가오기보다는 동부 그리스어를 쓰고 있다는 느낌이었을 것이다.

또한 이들은 바울을 "직접 대해 보면 볼품이 없"다고(현대인의성경) 타박했다. 이는 바울의 몸에서 보이는 상처를 말하는 것일 수도 있지만(어쩌면 갈라디아서 6:17에서 말하는 성흔[聖痕]일 수도 있다), 그보다는 어떤 명백한 육체적 약점을 가리키는 것일 가능성이 높다. 앞날을 내다본다고 주장하는 사람, 천국을 보았다는 사람이 눈에서 분비물이 질금질금 새어나오는 눈병 환자라니 이는 무언가 모순이다. 치유의 기적을 행한다는 사람(롬 15장) 자신에게는 치유받을 병이 없어야 한다. 간단히 말해, 사방이 수사학자 천지인 데다가 웅변가를 외모로 판단하기 좋아하는 이방 세계에 보냄받은 사도로서 바울은 극복해야 할 장애가 있었던 것이다.

4. 에라스도의 가정

　지평선 위로 아직 해가 솟지 않았지만 에라스도 집안 사람들은 이미 부산히 움직이고 있었다. 노예들은 동트기 전에 일어나 아침 식사를 준비하고, 집 안으로 통하는 길을 비질하고, 가축에게 먹이를 주고, 손님을 맞게 될 응접실 가구를 윤나게 닦고, 출입구 근처 임플루비움에 떨어진 낙엽과 부스러기들을 청소했다. 집 바로 뒤편, 중앙 정원 건너편과 아래편에서는 노예들이 최상급 세탁제인 사람의 오줌을 이용해 옷가지를 세탁 표백하고 있었다.[8]
　에라스도가 배정해 주는 일들을 완수하는 데는 며칠씩 걸

8　소변의 화학적 변화로 생긴 암모니아 성분을 세탁과 표백에 사용했다.-옮긴이

리곤 했기에 주초에는 늘 정신없이 분주했다. 동틀 무렵부터 벌써 그의 집 현관 입구에 피후견인과 노예와 사업 파트너들이 모여들어 길게 줄지어 서는 것은 바로 그 때문이었다. 에라스도는 어떤 일이 있든 아침 일찍 일어나는 사람이었고, 그래서 그의 집 대문은 늘 아크로코린트 위로 해가 솟으며 하루가 시작되는 바로 그 시간에 활짝 열렸다. 최고급 흰색 토가를 차려 입고 굽슬굽슬한 머리를 단정히 빗어 넘긴 에라스도는 그날 할 일 목록이 적힌 밀납판을 손에 들고 서기 더디오와 함께 새로운 하루와 그날의 도전을 맞을 채비를 했다. '타블리눔'(tablinum)에 자리를 잡고 앉은 그는 문밖에서 기다리고 있는 사람들을 맞아 업무를 처리할 준비를 시작했다.

하지만 에라스도는 동이 트기도 전에 라레스(Lares)와 잠시 함께 있었다. 라레스는 로마와 그리스 종교에서 가정의 단란함을 지켜 준다고 여겨지는 수호신이었다. 에라스도는 최근 그리스도를 따르는 사람이 되었지만, 오래된 신앙 습관은 좀처럼 사라지지 않았다. 에라스도는 부모와 조부모 때부터 아침 기도의 한 순서로서 예를 표했던 이 한 쌍의 신상에게서 위로를 받고 있음을 깨달았다.

그러나 이 시기의 에라스도는 이제 라레스를 신으로 경배하지는 않았으며, 그 대신 집안의 그 신성한 장소를 기도처 삼아

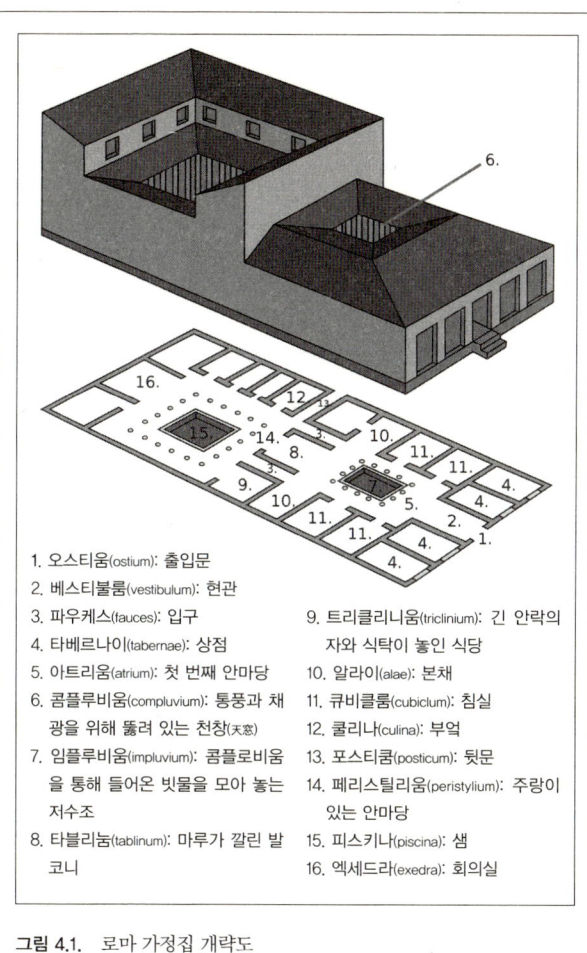

1. 오스티움(ostium): 출입문
2. 베스티불룸(vestibulum): 현관
3. 파우케스(fauces): 입구
4. 타베르나이(tabernae): 상점
5. 아트리움(atrium): 첫 번째 안마당
6. 콤플루비움(compluvium): 통풍과 채광을 위해 뚫려 있는 천창(天窓)
7. 임플루비움(impluvium): 콤플로비움을 통해 들어온 빗물을 모아 놓는 저수조
8. 타블리눔(tablinum): 마루가 깔린 발코니
9. 트리클리니움(triclinium): 긴 안락의자와 식탁이 놓인 식당
10. 알라이(alae): 본채
11. 큐비클룸(cubiclum): 침실
12. 쿨리나(culina): 부엌
13. 포스티쿰(posticum): 뒷문
14. 페리스틸리움(peristylium): 주랑이 있는 안마당
15. 피스키나(piscina): 샘
16. 엑세드라(exedra): 회의실

그림 4.1. 로마 가정집 개략도

그날 하루를 인도해 주시고 보호해 주실 것을 한 분 하나님께 구했다. 나에게 복을 주시거나 내 잘못을 바로잡아 주실 하나님

이 세상에 오직 한 분뿐이면, 인생의 중요한 일들에 관해 의견을 구할 하나님이 오직 한 분뿐이면, 신앙생활이 훨씬 수월하다는 사실을 에라스도는 인정하지 않을 수 없었다. 매우 현실적인 사람인 에라스도는 유대인들의 종교가 훨씬 납득이 잘 된다는 사실을 깨달았다. 세상에 알지 못할 신 같은 것은 이제 더는 없었다. 실로, 우주에 있는 다른 영적 힘은 비록 실제적 힘이라 해도 사실은 전혀 신이 아니었고 경배받을 자격도 없었다. 에라스도는 파울로스가 이곳에 와서 십자가에 달려 죽으신 분 예수를 설파하기 전, 회당에 다니면서 이미 그렇게 믿게 되었다.

에라스도의 아름다운 로마인 아내 카밀라도 집안의 하인들을 줄 세워 놓고 그날 할 일을 정해 주느라 벌써 바빴다. 에라스도 이제 똑같은 일을 해야 했다. 철필과 밀납판을 들고 대기 중인 더디오와 함께 타블리눔의 책상 앞에 앉은 에라스도는 문지기에게 지시했다. "유두고, 손님들 들어오시라 하게. 문을 열어 드려."

거대한 이중문이 안쪽으로 열리자 주인장과 서기가 앉아 있는 공간으로 빛이 쏟아져 들어왔다. 타블리눔 앞에는 아트리움이 있었고, 아트리움 한가운데에는 임플루비움이 있었는데, 뚫려 있는 지붕을 통해 쏟아진 빗물을 가둬 둘 수 있도록 바닥에 파 놓은 이 직사각형 수조에 고인 물은 집에서 여러 가지 용도로 쓰일 수 있었다. 출입문은 임플루비움 건너편에 있었고, 이 문이 열리면 손님들이 줄지어 들어오기 시작했다.

가장 처음 출입이 허락된 이들은 에라스도의 피후견인들로, 이들은 임플루비움을 빙 돌아서 타블리눔을 향해 왔다. 이어서 니가노르 같은 자유민들이 이들을 뒤따랐고, 에라스도의 농원에서 일하는 노예들이 그 뒤를 이었다. 포도밭과 올리브 과수원에서 일하는 이 노예들에게 작업 목록과 '스포르툴라이'(sportulae), 즉 빵과 포도주와 무화과, 올리브와 견과류가 들어 있는 점심 도시락을 나눠 주는 것은 유두고가 할 일이었다. 에라스도는 "사람[특히 농사일을 하는 젊은이]이 빵만으로는 살 수 없다."라는 것을 잘 알고 있었기에, 고린도와 그 주변의 다른 농원 주인들에 비해 노예들을 잘 먹이는 편이었다.

"안녕하십니까, 에라스도." 그날 아침의 첫 번째 피후견인이 인사를 했다. 에라스도 앞에 선 사람은 카토라는 작고 다부진 체구의 남자로, 로마 군대에서 제대해 이제 사회에서 일을 찾으려 애쓰고 있는 로마 사람이었다. 제대할 때 약간의 땅과 가축 한 마리, 그리고 소액의 수당을 지급받기는 했지만, 글라우디오 황제가 제대 군인들에게 지급하는 금품은 아우구스티누스 같은 전 황제만큼 후하지 않았다. 그래서 카토는 고린도에서 인생을 거의 새로 출발해야 하는 곤란한 상황에 처하고 말았다. 지금까지는 이럭저럭 땅을 일구고 노예도 두엇 살 수 있었지만, 해야 할 일은 앞으로도 많았고, 아크로코린트 뒤편에 있는 포도밭도 사고 올리브 과수원도 시작하려면 융자를 받아야 했다.

"오늘 아침 평안한가, 친구?" 에라스도가 미소를 지으며 물었다. "내가 어떻게 도움이 되어 주면 좋겠나?"

"밭을 일궈서 과실을 수확할 땅을 사고 싶은데, 그러려면 꽤 많은 돈을 융자받아야 합니다. 너무 큰 부담을 드리고 싶지는 않지만, 솔직히 말씀드리자면 적어도 일만 데나리온은 있어야 제대로 시작해 볼 수 있겠습니다. 그 정도 액수가 가능할까요?"

에라스도는 잠시 머리를 긁적이더니 이내 카토에게 말했다. "우선 오백 데나리온으로 시작을 해 본 뒤에 얼마나 유지가 되는지 살펴보는 게 어떻겠나? 잘되면 언제든 다시 찾아와도 좋아. 그러면 그때 더 이야기해 보는 걸로 하세."

카토는 지금은 이러쿵저러쿵 더 말할 때가 아니며, 빈손으로 돌아가기보다는 이 정도 액수에서 이야기를 마치는 게 낫겠다고 직감했다. 오른손을 내밀어 악수를 청하며 카토는 대답했다. "아주 좋습니다, 에라스도 나리. 하지만 제가 곧 다시 찾아뵙더라도 놀라지 마시기 바랍니다."

"나야 당연히 자네가 이 모험에 성공하기를 기대하지. 그리고 조영관 선거에서 나를 지지해 줄 것도 기대하고 말일세. 선거 전에 나를 위해서 뭐든 해 줄 수 있다면 나로서는 크게 감사하겠네."

● 자세히 들여다보기 ●

로마 제국의 주화

고대 경제는 우리 시대처럼 화폐 경제나 자유 시장 경제가 아니었다. 바울 시대에는 경제가 점점 화폐의 영향을 받아 가기는 했지만, 매매나 교환 체계가 아니라 다른 유형의 상호 관계가 여전히 지배적이었다. 고대 경제에서 사람들이 화폐를 비축하는 것은 대개 세금이나 사용료 혹은 성전세를 내기 위해서였다. 부자가 아닌 95퍼센트 인구에 속하는 사람이라면 말이다. 화폐 자체는 통치자들이 주조해 내다가 점차 황제 혼자서 만들어 내게 되었다. 화폐를 주조하는 일은 이른바 누가 신적 통치자인지, 그리고 자신이 얼마나 대단한 사람인지를 선포하는 일종의 선전 활동이었다.

동전(銅錢)은 아마 로마 제국에서 가장 흔하고, 그래서 가치가 별로 없는 주화였을 것이며, 은화(silver denarius)는 주후 1세기 중반까지 가장 널리 쓰인 주화였다. 은화 1데나리온의 가치는 2010년 미국 달러 기준으로 20달러를 약간 상회하며, 그래서 위의 이야기에서 카토는 사실 200,000달러라는 거액을 빌려 달라고 한 셈이다. 은화 1데나리온은 하루 24시간 중 열 시간 내지 열두 시간을 누군가의 사유지에서 일한 일꾼에게 지급하는 표준 일당이 되었다.

그림 4.2. 25데나리온의 가치가 있던 로마의 금화 '아우레우스'(aureus)

제국의 선전 활동이 본질상 황제 본인에게 초점을 맞춘 것이었다는 사실은 〈그림 4.2〉의 네로 주화에 등장한 그림과 표제에서 볼 수 있다. 네로는 이스트미아 대회나 다른 경기에서 월계관을 획득한 것으로 묘사되고 있으며, 이 경우에는 시(詩)를 지어서 월계관을 받았다. 〈그림 4.3.〉은 지금 이 책의 스토리가 전개되는 바로 그 시기인 글라우디오 치세 말기에 발행된 주화이며, 글라우디오는 주후 54년에 세상을 떠났다.

제국에서 통용된 데나리온의 실제 은(銀) 함량은 50그레인(1그레인은 0.0648그램-옮긴이)이나 1/10 트로이 온스였다. 이 은이 0.999 순은이라고 할 경우(사실은 그렇지 않았지만) 2010년 미국 기준으로 약 2.70달러 가치에 해당할 것이다. 좀 더 자세한 내용은 멜빌 존스(John R. Melville-Jones)의 *A Dictionary of Ancient Roman Coins*(1990), '데나리온'(Denarius) 항목을 참조하라.

그림 4.3. 글라우디오 초상이 새겨진 로마의 은화

카토는 씩 웃으며 말했다. "물론입니다." 이렇게 두 사람은 타협을 보았다. 그 뒤 한 시간 반에 걸쳐 이보다 규모가 작은 갖가지 업무를 처리하는 동안 에라스도는 골똘히 생각했다. 에라스도는 마르쿠스 아우렐리우스 아이밀리아누스가 선거 운동을 하면서 자신의 "친구들"을 다 빨아들이며 이들의 환심을 사고 있을지 모른다고 생각했다. 그래서 노예 한 사람을 대광

4. 에라스도의 가정

71

장(forum)에 내보내 아우렐리우스가 무슨 일을 꾸미고 있는지 슬쩍 점검해야겠다고 머릿속에 메모를 했다. 에라스도의 예감상 아우렐리우스는 지금까지 늘 그랬듯 뭔가 음모를 꾸미고 있었다. 아우렐리우스는 '피에타스'(pietas, 우애) 같은 덕목을 엄밀히 추구하는 사람이 아니었다. 정직은 말할 것도 없고 말이다.

그림 4.4. 고린도의 대광장

정각 아홉 시에 에라스도는 집에서의 업무를 끝내고 사유지 뒤편의 도수관(導水管)을 점검하러 나섰다. 사유지의 도관으로 흐르는 물이 흐르다 말다 하는 것으로 봐서 무언가가 잘못된 것이 분명했다. 이번 겨울에는 강수량도 풍부했는데 말이다. 에라스도의 노예 루카스가 마구간으로 달려가 에라스도가 타고 갈 말을 준비했다. 에라스도가 도수관까지 신속히 갔다가 돌아오고 싶어 했기 때문이다. 니가노르가 로마에서 돌아올 때가 되었다는 생각이 문득 들자 에라스도는 어서 모든 소식을 자세히 듣고 싶었다. 에라스도가 추진하는 공공 봉사는 아직 어떻게 될지 모르는 운명이었고, 따라서 그가 조영관으로 선출되느냐의 여부도 마찬가지였다.

에라스도는 아내 카밀라의 뺨에 가볍게 입맞춤을 하고서 말했다. "곧 돌아오겠소. 도수관에 가서 물 흐름이 왜 일정치 않은지 살펴보려고 하오. 뭔가가 고장 난 게 틀림없소." 말에 올라 아침 햇살 속으로 멀어져 가는 남편을 향해 카밀라는 손을 흔들어 보였다. 해는 이제 머리 바로 위에서 왼쪽으로 45도쯤 기울어져 있었다. 화창하고 아름다운 날이 될 듯했다.

에라스도가 출발한 지 한 시간쯤 후, 고단하고 지저분한 몰골로 커다란 소지품 보따리를 손에 든 니가노르가 빌라 정문으로 향하는 길을 터벅터벅 걸어 올라왔다. 에라스도의 어린 딸, 이제 일곱 살인 율리아가 침실 계단에 서 있다가 니가노르를 보고 문 쪽으로 달려 내려갔다. 율리아는 유두고에게 문을 열어 달라 하더니 구르듯 길을 따라 내려가 니가노르의 품에 안겼다.

"어디 가서 이렇게 오래 있었어요, 니가노르 선생님? 수업도 못했고, 파이다고고스(paidagogos)는 만날 따분하고 똑같은 어형 변화표하고 수사학 모범만 자꾸 되풀이해서 연습시켰다고요. 선생님이 떠나고 나서 몇 십 년은 지난 것 같아요!"

허리를 숙여 율리아를 안아 올린 니가노르는 아이의 머리카락을 가볍게 헝클어 놓으며 말했다. "나리 일 때문에 간 거잖아요. 로마에 갔다 온 거랍니다."

노예 시절 니가노르는 율리아와 율리아의 두 오빠에게 그리스어 읽기와 쓰기, 그리고 '프로김나스마타'(progymnasmata), 즉 언어 능력과 논리 및 약간의 철학을 가르치는 초등 교육 과정의 개인 교사 일을 주로 했다. 율리아는 고린도 전역에서, 특히 여자아이들 중에서 가장 영특하고 교양 있는 아이로 자라가고 있었다. 에라스도와 카밀라는 딸 아들 구별 없이 세 자녀 모두 똑같은 교육을 받아야 한다고 생각하고 있었으며, 뜻하지 않게 늦둥이로 얻은 율리아는 이 부부에게 눈에 넣어도 아프지 않을 아이요, 이들 가족의 작은 공주님이었다.

"아버지 안에 계시지요?" 니가노르가 물었다.

"아니요." 아이가 작은 목소리로 상냥하게 대답했고, 뒤이어 어른 목소리가 들려왔다. "바로 조금 전에 나가셨다네. 도수관을 점검할 일이 있다고 하시더군."

문간에 카밀라가 나타나 미소 띤 얼굴로 다가와서는 반갑게 니가노르에게 입맞춤을 했다.

● 자세히 들여다보기 ●

그리스-로마식 홈스쿨링

'파이다고고스'(paidagogos)라는 말은 '교육자'라는 뜻의 영어인 'pedagogue'의 어원으로, 사실 이 말 자체는 교사를 가리키지 않는다. 파이다고고스는 아이 돌보미 역할을 하는 노예로서, 어린 푸블리우스(Publius: 로마 시대에 흔했던 남자아이 이름-옮긴이)를 학교에 데려다주고 데려오며, 이 아이를 보호하고, 집에 와서는 알파·베타·감마 외우기를 도와준다. 푸블리우스가 나이가 차면 유모와 돌보미의 품을 떠날 수 있다. 하지만 이는 교육을 중단한다는 뜻이 아니다. 다시 말하지만, 파이다고고스는 사실 교육자가 아니라 숙제를 내주고 육아를 하면서 부모의 일손을 돕는 인물에 가깝기 때문이다(갈라디아서 3:24에서 바울이 이 단어를 어떻게 쓰고 있는지를 보라).

바울 시대의 그리스나 로마의 초등 교육은 어떤 식이었는가? 그리스어 읽기와 쓰기, 기본 교양 교육 외에 프로김나스마타, 또는 바울이 말하는 '스토이케이아'(stoicheia), 또는 초등 학문에는 문법·기하학·천문학·음악·초등 철학이 포함되었고, 구술(口述)을 중시하는 이 문화 속에서 귀족 남자아이를 위해서는 다른 무엇보다도 수사학 및 말을 설득력 있게 잘하는 기술을 가르쳤을 것이다(예를 들어, 필로, *De Congressu Quærendæ Eruditionis Gratia* 11을 보라).

어떤 의미에서 고대 교육의 학습 도구는 훨씬 후인 1950년대 초등학교에서 쓰인 학습 도구와 똑같았으며, 형태만 약간 다를 뿐이었다. 기계적 암기는 고대 학습의 핵심이었는데, 60년 전 미국 어린이가 작은 칠판에 분필을 사용해 단어와 기하학 구조를 연습했다면, 바울 시대 어린이는 고대판 분필과 칠판이라 할 수 있는 철필과 밀납판으로 똑같은 연습을 했다. 교육 설비가 근본적으로 달라진 것은 컴퓨터 시대가 도래한 후였으며, 암기 요구가 훨씬 줄어듦에 따라 흥미롭게도 교수법 또한 완전히 변화되었다.

자녀의 학교 교육에서 부모는 무슨 역할을 했는가? 자녀를 가업에 종사시키지 않고 학교에 보낼 수 있을 만큼 형편이 넉넉한 부모라면, 이 부모는 노예를 파이다고고스로 고용해 집에서 돈도 별로 안 들이고 자녀의 공부를 도울 수 있었을 것이다. 귀족 집안이나 부유한 집안의 안주인은 딸들에게 양모로 실 잣는 법이나 그 외 집안일을 가르쳤을 것이다. 일반적으로 "공교육"은 남자아이들이 받았고 가정 교육은 여자아이들이 받았지만, 그리스-로마 부모들 중에는 에라스도나 카밀라처럼 딸과 아들을 차별하지 않을 만큼 생각이 깨어 있는 이들도 있었다.

"무사히 돌아와 줘서 정말 반갑네. 기도는 하고 있었네만 점점 걱정이 되는 중이었지. 대리석 소식은 어찌 되었나?"

니가노르는 짐짓 바닥만 내려다보다 이내 어색한 미소로 흘긋 시선을 들어 대답했다. "좋은 소식만 가지고 왔습니다. 대리석은 적당한 가격에 구매했고요, 몇 주 지나면 이쪽으로 배에 실려 올 겁니다. 일단 3월 초에 날씨가 좀 좋아지면요."

"그이를 따라나서지는 말게." 카밀라가 권했다. "몸을 좀 씻고, 제대로 된 음식도 좀 먹고 깨끗한 옷으로 갈아입게. 당장!" 니가노르는 안주인의 말을 거역할 수 없다는 것을 알고 있었다. 카밀라는 남편의 동의 아래 사실상 '오이코노모스'(oikonomos), 즉 이 집안의 통치자 역할을 했기 때문이다.

"그렇게 말씀하시니 분부대로 하겠습니다." 니가노르가 말했다. "다시 육지를 밟으니 좋고, 집에 돌아오니 좋습니다." 세 사람은 집 안으로 들어갔고, 해는 이제 하늘 높이 떠올랐다.

5. 적에게 적의를 불러일으키다

　마르쿠스 아우렐리우스 아이밀리아누스는 평범한 귀족 로마인이 아니었다. 그는 전 집정관 술라의 직계 후손으로, 술라는 고분고분하지 않은 로마 백성에게 무자비하게 자기 식의 계엄령을 집행한 사람으로 악명 높았다. 아우렐리우스는 자기 집안의 역사와 함께 군(軍) 역사를 공부한 사람이었으며, '쿠르수스 호노룸'(cursus honorum), 즉 고대 로마식 성공의 사다리 오르기와 관련해 그가 가진 좌우명은 "필요하다면 어떤 수단이든 마다하지 않는다."였다.

　겉으로 보기에 아이밀리아누스는 그저 또 한 사람의 로마 명문가 출신 야심가로 보였다. 적지 않은 재산 덕분에 그는 자신의 본색을 드러내 보일 필요가 거의 없었다. 지저분한 일은 다른 사람에게 돈을 주고 시킬 수 있었고, 게다가 그는 조작의 달인이었다. 적에게 굴욕을 안기고자 할 때 적의 아내를 유혹해 추문거리를 만든 뒤 적이 수치감 때문에 잠자코 있을 수밖에 없게 만들거나 이들 부부의 약점과 부정(不貞)에 관해 험담을 퍼뜨려 아예 동네를 떠나게 만드는 것보다 더 좋은 방법이 어디 있겠는가? 이런 전술을 사용한 것으로 유명한 율리우스 카이사르의 사례를 인용해 아이밀리아누스는 "여자에게 인기 있는 사내"를 자처했고, 여자 문제 때문에 소송이 벌어질 경우 그는 법 위에 군림했다. 그는 법을 어기는 것을 대수롭지 않게 여겼고, 돈으로 살 수 있는 최고의 변호사를 고용해 곤경에서 벗어났다.

아이밀리아누스는 술을 너무 많이 마시는 경향이 있어서 기억력이 아주 나빴다. 그래서 돈 많고 머리 나쁜 여느 사람처럼 그에게도 '노멩클라토르'(nomenclator), 즉 사람 이름을 비롯해 기타 시시콜콜한 일들을 주인 대신 기억하기를 전담하는 노예가 있었다. 아이밀리아누스는 "큰일 하는 사람"이었으므로 사람 이름을 외우는 일 따위에 신경을 쓸 수 없었고, 또한 그런 시시콜콜한 일에 신경을 쓰는 것은 그의 신분에 걸맞지 않았기 때문이다. 하지만 아이밀리아누스 집안의 노멩클라토르는 아주 예리하고 기지가 넘치며 혜안을 지닌 사람으로, 로마 제국 최북단 출신이어서 브리타니쿠스라고 불렸다. 그는 백과사전적 지식을 가진 것으로 유명했으며, 아이밀리아누스가 만나는 모든 피후견인과 지인들의 이름뿐만 아니라 아이밀리아누스가 사업을 하면서 처리하는 모든 거래의 세부 항목 하나하나까지 다 기억하는 것이 그의 업무였다. 따라서 아이밀리아누스가 살아가는 방식상, 그는 없어서는 안 될 존재로 자리매김했다. 게다가 한가한 시간에는 아이밀리아누스 자녀들의 가정 교사로도 봉사했으며, 아이들은 그의 창백한 안색과 깜짝 놀랄 만큼 푸른 눈동자에 매혹당했다.

이날 아침 브리타니쿠스는 아이밀리아누스에게서 멀찍이 떨어져 있었다. 주인님이 화가 잔뜩 나 있어 누구든 가장 가까이 있는 사람에게 불똥이 떨어질 수 있었기 때문이다. 어제 오후, 아이밀리아누스가 뒷마당 양어장에서 애지중지 키우던 칠성장어가 죽었다. 관리인이 먹이를 주고 돌보며 최선의 노력을 기울였음에도 그런 일이 벌어지고 말았다. 아주 부유한 로마인처럼 아이밀리아누스도 물고기를 키워 번식시켰고, 잉어·넙치·뱀장어·칠성장어를 주로 키웠는데, 바로 어제 아이밀리아누스가 소중히 여기던 120센티미터짜리 칠성장어 "가르간투스"가 저 세상으로 간 것이다. 브리타니쿠스는 오늘 아침은 주인님에게 뭐든 골치 아픈 소식을 전하기에는 적당치 않다는 것을 알아차렸다.

　법정에서든, 사업 세계에서든, 정치에서든, 혹은 침실에서든 마르쿠스 아우렐리우스는 자신이 쓸 수 있는 모든 수단을 다 동원해 상대를 지배하려고 했다. 그런데 이제 좀체 남을 의심하지 않고 지나치게 신뢰하는 에라스도가 그의 시야에 들어왔다. 특히 에라스도가 조영관 선거에 입후보한다고 진작 선언한 이후로는 더욱 눈에 거슬렸다. 아우렐리우스는 원한을 품는 풍습(conventions of enmity)을 작동시키는 법을 알고 있었다. 이제 그는 에라스도를 상대로 이 작전을 개시할 생각이었다. 시작은 도수관에 작은 문제를 일으키는 것으로, 장치는 이미 설치해 놓은 터였다. 집안에서 제일 몸집이 큰 노예들을 행동대원으로 파견한 아이밀리아누스는 주 도수관에서 갈라져 나오는 수로 하나를 훼손하고는 이내 부숴 버리게 했다. 바로 에라스도의 집과 밭 쪽으로 물을 보내는 수로였다. 하지만 이는 공격의 서막에 불과했다.

　아이밀리아누스는 에라스도가 직접 도수관에 와서 점검을 하리라는 것을 알고 있었다. 에라스도는 그런 유형의 사람이었다. 현장에서 직접 뛰는 사람, 자기 노예와 피후견인보다 훨씬 열심히 일하는 사람. 아이밀리아누스는 약간의 폭력을 써서 에라스도의 신경을 건드릴 생각이었다. 그렇게 해서 에라스도에게 적의를 불러일으켜서 어쩌면 과잉반응을 하게 만들고 결국 자기 감정을 주체하지 못하는 사람으로 보이게 만들 수 있으리라 여기면서 말이다.

마르쿠스 아우렐리우스의 기억에 의하면, 에라스도는 이미 두 번이나 그를 불쾌하게 했다. 첫째, 몇 주 전 도수관을 보수하는 데 도움이 되면 좋겠다며 돈을 빌려 주겠다고 제안했는데 에라스도는 이를 거절했다. 그는 아우렐리우스의 제안을 공손히 거절하면서 자기 힘으로 처리할 수 있다고 했다. 그리고 그 후 에라스도에 대한 적의가 한층 깊어진 것은, 아이밀리아누스가 눈독을 들이고 있던 공직, 당연히 자기 몫이라 여긴 바로 그 자리에 에라스도가 감히 출마 선언을 했을 때였다. 이렇게 해서 에라스도에 대한 원한은 두 배로 커졌고, 이제 에라스도로서는 복수의 여신을 조심하는 게 상책이었다.

아이밀리아누스의 아내 그라티아는 누가 보면 "정부"(情婦)로 오인할 수도 있는 존재였다. 그라티아는 공개 석상에 거의 모습을 드러내지 않았고, 부부가 반드시 동행해야 하는 공식 행사에만 얼굴을 내비치곤 했다. 또한 그라티아는 후사(後嗣)를 생산할 수 없는 여인이었다. 하지만 두 가지 유효한 이유 때문에 아이밀리아누스는 아내와 이혼할 수 없는 처지였다.

• 자세히 들여다보기 •

네모(Nemo)를 찾아서—원한 풍습

고대의 원한 풍습은 현대 스포츠에서 흔히 볼 수 있는 경쟁심과 라이벌 관계를 훨씬 뛰어넘는다. 스토아학파 철학자이자 바울 시대 네로 황제의 고문이었던 세네카는 이렇게 경고했다. "우정이 심각한 적의(그라비스 이니미시티아스, gravis inimicitias)로 변하지 않도록 조심해야 하니, 적의는 말다툼과 학대와 악담의 근원이다."(*De amicitia*, 21.78). 실로 이런 행동은 상대에 대한 인신공격이나 가족에 대한 공격으로까지 급속히 확대될 수 있었다. 한 사람이 할 수 있는 정말 위험한 행동 중 하나는 자기보다 사회적 지위가 높은 사람이 주는 선물을 거절하는 것이었다. 아이밀리아누스의 경우, 반은 그리스인이고 반은 로마인인 에라스도보다 자신이 사회적으로 우월하다고 보았는데, 왜냐하면 아이밀리아누스는 악명 높은 가계(家系)이긴 했으나 순혈 로마인이었기 때문이다.

경쟁이나 원한 풍습은 몇몇 영역에서 행동으로 나타났다. 사업, 정치, 운동 경기, 공공 공사 프로젝트 등에서 집안끼리 경쟁하곤 했다. 율리우스 카이사르가 암살당했을 때와 같은 정치적 격변기에는 실제로 집정관 파벌 사이에 내전이 벌어질 수도 있었다. 사회적 풍습 외에, 네메시스(Nemesis) 여신에 대한 신앙도 있었다. 그리스어 '네메시스'/'네모'(nemo)는 때가 무르익은 일을 시행하기, 혹은 그 일을 시행하는 자를 의미한다. 네메시스 여신은 흔히 손에 검이나 천칭을 들고 있는 모습으로 묘사되었다. 또한 네메시스는 '질투'를 뜻하는 '인비디아'(Invidia), 혹은 '경쟁'을 뜻하는 '리발리타스'(Rivalitas)로도 불렸다.

네메시스 여신은 특히 악행을 저지른 자 혹은 행운을 누릴 가치가 없는 자에게 내려지는 격렬한 징벌과 연관된다. 네메시스는 죄를 짓고도 무사하거나 용케 벌을 모면한 사람, 혹은 터무니없고 과분한 뜻밖의 행운을 경험한 사람을 향해 발산되는 뿌리 깊은 적개심을 의인화한 존재다. 네메시스는 평형 상태를 유지하는 그런 방식으로 인간사를 좌우하는 능력을 지닌 신으로 여겨졌다. 튀케(Tyche, 운명)는 은총을 후히 나눠 주는 신이었는데, 그래서 네메시스는 튀케의 부정적 상대역으로서, 복수하거나 징벌하는 신의 역할을 이행했다.

적의를 품는 풍습을 네메시스 같은 종교적 믿음과 결합하면 폭발력 강한 혼합물이 되었다. 이는 아이밀리아누스 같은 인물에게서 구체화되었으며, 그는 자신을 네메시스의 인간 대행인으로 여기고는 자신을 무시하거나 자신에게 잘못했다고 여겨지는 사람에게 복수를 자행하고 타인에게 고의로 폭력을 행사했다. 이번 경우에 그 대상은 에라스도였다.

첫째, 그라티아는 율리우스 집안 사람으로, 이 덕분에 아이밀리아누스는 글라우디오 황제와 직접 인척 관계를 맺기는 했으나, 황제 집안 사람을 감히 거스를 수는 없었다. 둘째, 그라티아는 집안 재산과 별개로 엄청난 부자였으며, 지참금 협약은 명쾌했다. 이혼할 경우, 그라티아는 자기 재산을 다 가지고 떠나게 되어 있었다. 심지어 그라티아가 아이밀리아누스보다 먼저 세상을 떠나는 사태가 벌어진다 해도, 율리우스 글라우디오는 아이밀리아누스가 유력한 집안 여성과 혼인해 인맥을 쌓았으므로 그 대가로 그라티아가 죽어도 가문의 돈은 한 푼도 상속받을 수 없다고 주장했다. 아이밀리아누스는 결혼을 유지하는 동안에는 필요한 만큼 돈을 쓸 수 있었으나, 아내의 애초 지참금을 강탈할 수 없었고 아내가 받을 거액의 증여금을 물려받을 기대도 할 수 없었다. 이러지도 저러지도 못하는 상태에서 그는 상황을 최대한 이용하려는 생각만 할 뿐이었다. 성적인 욕구는 비싼 값을 치러야 하는 고급 '헤타이라'(hetaira, 매춘부) 혹은 "말동무"를 정기적으로 찾아감으로써 충족시켰고, 때로 그라티아가 질색하는 거친 유혈 스포츠 경기에 이 여성과 동행하기도 했다. 아이밀리아누스는 집에서 욕설을 입에 달고 살았고, 술에 취하지 않았을 때나 겨우 잠잠했다. 요령이 생긴 그라티아는 아이밀리아누스가 술에 취하면 집 안 어딘가로 몸을 숨기거나 친구 집으로 피신했다. 술에 취하기만 하면 남편은 인생이 불공평하다느니 대를 이을 아들 하나 없다느니 하면서 사납게 날뛰곤 했기 때문이다. 한마디로 아이밀리아누스는 형편없는 인간이었다.

일주일의 두 번째 날인 이날 밤, 주(主) 식사는 오후 늦게 시작되어 저녁때까지 잘 진행되었다. 아이밀리아누스는 피후견인들을 대접하는 중이었다. '구스타티오'(gustatio) 혹은 전채 요리는 작은 잔에 담긴 꿀 섞은 포도주와 카나페였다. 이어서 나온 주 요리는 고기류의 향연이었다. 멧돼지 고기, 닭고기, 가자미 고기, 그리고 특별한 진미로는 암소의 유방과 음문(陰門)을 특별한 소스에 절인 요리가 나왔다. 물론 육류에는 언제나처럼 소스에 절인 올리브, 무화과, 대추야자가 곁들여졌다. 후식으로는 감각류와 과일이 제공되었지만, 얼마 지나지 않아 술 파티가 한 시간 정도 이어졌다. 이날 밤, 알렉산더라고 하는 익살맞은 수사학자가 풍성한 이야기보따리를 풀어놓다가 경쟁이라는 덕목에 관한 설득력 있는 연설로 마무리했다. 마침내 손님들이 다 돌아가고 아이밀리아누스는 홀로 남아 생각에 잠겼다. 아내 그라티아는 술 파티가 시작되기 전에 다른 여성 손님들과 함께 방으로 들어가고 없었다. 아이밀리아누스는 팔레르노산 포도주를 홀짝이며 큰 소리로 혼잣말을 했다. "대를 잇는 문제는 어찌할꼬? 나이는 점점 더 먹어 가고…. 머리 잘 돌아가고 글도 읽고 쓸 줄 알고 똑똑한 녀석, 유능한 실무가가 필요한데 말이야. 혹시 … 혹시 니가노르 같은 청년을 내 아들로 삼을 수는 없을까? 그 청년은 분명 영리할 거야. 곧 만나서 대화를 해야 해. 에라스도에 대해 험담을 퍼뜨려 주면 수고비를 더 올려 주겠다고 말이지." 이런 꿍꿍이를 혼자 웅얼거리며 설탕과 향신료를 섞어 데운 포도주를 마시고 있는 그의 얼굴로 악마 같은 미소가 번져 나갔다.

"한 가지가 아니라 그 이상의 방법으로 한꺼번에 에라스도에게 창피를 주면 기분 좋지 않을까? 그의 피후견인이자 전 노예였던 니가노르를 훔쳐 오고, 그다음엔 조영관 선거에서 그를 철저히 밟아 버리는 거지. 머리끝에서부터 발끝까지 적을 철저히 창피하게 만드는 것보다 더 유쾌한 일은 없다고." 그러다가 그는 갑자기 양미간을 찌푸리며 덧붙였다. "하지만 카밀라가 내 유혹에 퇴짜를 놓으면 이거 망신인데. 카밀라는 타협이라는 걸 모르는 여자거든. 아쉽게도 그만큼 매혹적이기도 하고." 그 쯤에서 아이밀리아누스는 자기도 모르게 스르르 잠이 들었다. 수석 몸종인 디디우스가 아이밀리아누스를 발견했을 때 그는 식당의 안락의자에 대자로 누워 코를 골며 아직 정복하지 못한 여자들 꿈을 꾸고 있었다.

6. 갈리오의 담즙

 서바나(스페인) 태생 로마인 유니우스 아나이우스 갈리오(Junius Annaeus Gallio)가 원로원 속주 아가야 총독으로 부임한 지 이제 몇 달이 지나자, 고린도에서의 삶이 서바나 생활과 어떻게 다소 다른지 점점 분명해지고 있었다. 유명한 수사학자 대 세네카(Seneca the Elder)의 아들이자, 스토아학파 철학자요 훗날 네로 황제의 고문을 지낸 소 세네카(Seneca the yournger)의 형인 갈리오는 작은 성공에서 시작해 점점 더 큰 성공으로 승승장구하는 통상적 방식으로 '쿠르수스 호노룸' 과정을 밟지 않았다. 사실 갈리오 형제는 한때 코르시카로 추방되었다가 글라우디오 황제 말년에야 겨우 로마로 돌아온 적도 있었다. 운 좋게도 갈리오는 갓 생겨난 아가야 성 총독 자리를 맡게 되었고, 아가야의 행정 수도가 바로 고린도였다.

갈리오는 그 호감 가는 몸가짐으로 일찌감치 알려졌다. 적어도 세네카와 시인 스타티우스(Statius)의 말에 따르면 말이다. 솔직히 말해 갈리오는 통치자 유형이라고 할 수 없었다. 그는 지루한 행정 업무를 싫어했고, 무엇보다도 고린도의 환경이 전반적으로 그에게 맞지 않았던 것 같다. 그 결과 그는 건강을 유지할 수 없었거나 몸과 마음이 조화로운 상태일 수 없었을 것이다. 고린도의 몇몇 의사들은 갈리오의 상태를 보고 담즙이 그를 지배하고 있으며 체액이 균형을 잃었다고 판단했다. 이들은 사혈(瀉血) 치료를 권했지만 갈리오는 펄쩍 뛰며 거부했다.[9] 갈리오가 보기에 이 그리스인 의사들은 진료비를 더 높이 쳐서 받을 수 있다면 어떤 일도 서슴지 않을 자들이었다.

주 중반의 어느 날, 송사 일람표를 대충 훑어보던 갈리오는 이튿날 유대인들 간의 어떤 다툼을 처리해야 한다는 것을 알게 되었다. 대다수 로마인처럼 갈리오도 유대인들 간의 시시한 다툼에는 별 취미가 없었고 이들의 종교에 대한 관용도 거의 없었다. 그가 생각하기에 유대인의 종교는 무신론에 가까웠다. 이들은 다른 어떤 신도 믿지 않고 오직 자기들만의 유일신

---

[9] 고대 의학에서는 혈액·점액·황색 담즙·흑색 담즙 네 가지 체액이 균형을 이뤄야 건강이 유지된다고 보았다. 사혈은 이에 근거한 치료법이다.-옮긴이

을 믿었으니 말이다. 하지만 아우구스투스가 유대교를 고대로부터 전해지는 유서 깊은 종교로서 정당하고 적법하다고 인정했기에 갈리오는 이 사람들을 참아 줄 수밖에 없었다. 한숨을 내쉬며 심리 날짜를 곱씹은 그는 내일 처리하게 될 그 하찮고 우스꽝스러운 일에 대해 마음의 준비를 하려고 애썼다. 하지만 오늘은 그 문제에 신경 쓸 수가 없었다. 갈리오는 아스클레피오스 신전에 가서 오찬을 할 예정이었다. 가서 식사도 하고, 동료와 친구도 좀 만나고, 항구에서 들어오는 최신 소식과 부질없는 세상 소문도 듣고, 그렇게 어영부영 하루를 보낼 생각이었다.

아침 일찍 집을 나선 갈리오는 먼저 고급 '테르마이'(thermae), 즉 공중목욕탕으로 향했다. 화장실에서 볼일을 본 다음, 체력단련실로 가 간단히 운동을 마친 그는 열탕과 온탕과 냉탕을 차례로 오가며 몸을 담갔다. 다음으로는 피부를 문질러 때를 벗기고 머리를 깎아 다듬었다. 목욕을 마친 그는 바실리카(공회당)로 가서 몇 가지 법적인 일을 처리한 뒤 치유의 신 아스클레피오스 신전으로 향했다.

레카이온 도로에서 그리 멀지 않은 아스클레피오스 신전은 아크로코린트의 아프로디테 신전을 제외하면 고린도 시내에서 사람들의 발길이 가장 잦고 가장 인기 있는 신전임이 분명

● 자세히 들여다보기 ●

목욕탕(1부)

그림 6.1. 버가(페르가)에 있는 칼다리움(열탕)

그리스어 'thermos'(테르모스)는 영어 단어 'transliteration'(음역, 고쳐 쓰기)의 어원으로, '뜨겁다'(hot)는 뜻이다. 고대로부터 현대에 이르기까지 사람들은 온천을 찾아가서 목욕을 했고, 그러면 정말 몸 상태가 좋아졌다. '테르마이'(thermae)라는 말은 그런 장소를 가리키게 되었고, 로마 시대에는 목욕탕이 고도로 체계화되어, 세 가지 탕을 방별로 운영했다. '칼다리움'(caldarium)은 열탕, '테피다리움'(tepidarium)은 온탕, '프리지다리움'(frigidarium)

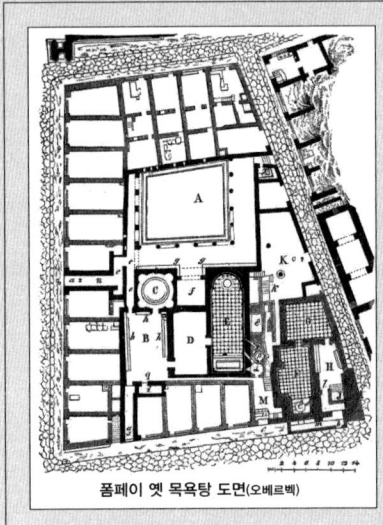

폼페이 옛 목욕탕 도면(오베르벡)

그림 6.2. 폼페이의 옛 목욕탕

은 냉탕이었다. 대다수 가정에 실내 배관이 설치되기 전 시대에는 공중목욕탕이 공중화장실과 붙어 있었고, 때로는 공공 체력단련실과도 붙어 있어 대규모 복합 건물을 형성했다. 목욕탕은 온천이나 온천 근처에 짓는 것이 이상적이었지만, 그런 이상적 위치가 어느 곳에서나 가능하지는 않았으며, 그래서 로마인들은 타일 바닥 아래서 물을 데우는 고유의 온돌 시스템을 고안했고, 달궈진 방은 한증막으로 이용했다. 로마의 도시와 로마 식민지 도시에는 거의 다 그런 시설들이 있었으며, 고린도가 주전 1세기 율리우스 카이사르 치세 때 일단 로마의 식민 도시가 되자 이곳에도 목욕탕이 들어섰다. 고린도의 경우, 우리가 알기로 온천은 없었고, 그래서 도수관으로 물을 공급한 뒤 열을 가해 데워야 했다.

어떤 면에서 상류층이 드나드는 목욕탕은 일종의 신사 사교

> 클럽이었으며, 이들은 여기서 만나 벌거벗은 몸으로(혹은 수건만 두른 채) 한증막에 둘러앉아 정치·개인적 문제·사업상 거래 등을 논했다. 할례를 받은 유대인 남성들은 그런 환경에서 확실히 불편한 처지였다. 이들의 몸은 이교도들에게 웃음거리가 되었으며, 그래서 유대인 운동선수들은 포피(包皮)를 다시 붙이거나 잡아 펴는 고통스러운 복원 수술을 받는 경우도 있었다고 한다. 그래야 나체로 출전하는 올림픽 유형의 경기에 나가서도 희롱의 대상이 되는 일 없이 경쟁을 펼칠 수 있었기 때문이다. 로마 제국이 발전함에 따라 이 목욕탕과 복합 운동 시설도 규모가 점점 커졌다. 예를 들어, 〈그림 6.2〉는 폼페이에 있었던 복합 목욕탕 시설의 규모를 보여 준다.

했다. 신전 입구, 첫 번째 계단 옆에는 새 석판이 세워져 있고, 아스클레피오스 신과 이 신의 상징인 뱀이 지팡이를 휘감고 있는 형상이 새겨져 있었다.

만찬회에 늦은 갈리오는 급히 계단을 올라 신전으로 들어가면서 테라코타 봉헌물이 놓인 방을 지나갔다. 이 방에는 순례자들이 치유를 위한 봉헌과 기도 용도로 바친 여러 부위의 인

그림 6.3. 아스클레피오스

체 모형들이 놓여 있었다.[10] 갈리오는 팔과 다리 모형이 눈에 익은 모습으로 죽 늘어서 있는 것은 거의 눈여겨보지 않았지만, 가장 흔한 인체 부위 복제품인 남성과 여성의 생식기는 늘 그랬듯 그의 시선을 사로잡았다. 그는 투덜투덜 혼잣말을 했다. "고린도 여행은 아무나 하는 게 아니라고 말하는 것 같군."

트리클리니움, 또는 식당은 아스클레피오스 신전 뒤편에 있었는데, 그런 연회에서 늘 그러듯 크게 떠드는 소리와 흥청거리며 노는 소리가 갈리오의 귀에 들려 왔다. 만찬장에는 아이밀리아누스가 벌써 와 있었다. 갈리오가 보기에 아이밀리아누스는 이런저런 청탁을 하려고 자기 앞에 와서 손바닥을 비비며 아부하느라 바쁘거나, 그렇지 않을 때는 늘 목소리 크고 밉살스럽고 자기만 생각하는 사람이었다. 아이밀리아누스 옆 자리를 일부러 피한 갈리오는 아스

---

10 병이 난 부위를 테라코타로 만들어 아스클레피오스에게 바치면 아픈 곳이 낫는다는 믿음이 있었다.–옮긴이

클레피오스 상이 차지하고 있는 의자 바로 옆, 직사각형 식탁의 제일 상석에 자리를 잡았다. 이 당시, 신은 자기 벗들이 신전을 찾아올 때마다 이들과 함께 식사를 한다는 믿음이 있었으며, 그래서 잔치가 시작되기 전에는 늘 신 앞에 기도와 작은 제물을 바치는 순서가 있었다. 이번에는 모두들 총독이 이 순서를 시작해 주기를 기다렸다.

신전 제사장 투키디데스가 갈리오에게 말했다. "신께 제물을 바치는 영광을 우리에게 베풀어 주시겠습니까?" 갈리오는 대답 대신 고개를 끄덕였다. 토가를 머리 위로 끌어올린 그는 소량의 고기가 담긴 작은 접시를 오른손으로 받아들었다. 제사장이 힘찬 목소리로 "타키트!"("조용히!")라고 하자 방 안이 일순 고요해졌다. 사람들은 고개를 숙였고, 갈리오는 최선을 다한, 그럼에도 서쪽 억양이 실

그림 6.4. 테라코타 봉헌물

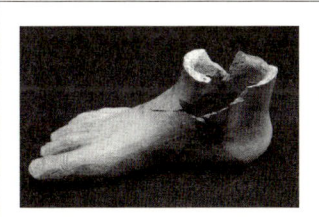

그림 6.5. 테라코타 봉헌물

린 그리스어로, 신이 베푼 많은 은혜와 치유와 바로 이 식사에 대해 감사한 뒤, 여기 모인 사람들과 함께 있어 달라고 빌었다. 제사장은 고기 접시를 받아 신상이 자리한 의자 옆 작은 대리석 탁자 위에 가만히 올려놓은 뒤, 그런 자리에서 늘 그래야 하듯 매우 예의 바른 어투로 말했다. "신께서 기뻐하십니다. 이제 잔치를 시작해도 되겠습니다." 그 후 약 두 시간 반 동안 사람들은 긴 안락의자에 누워 만찬을 즐겼고, 이어서 '쉰포시온'(synposion, 영어 symposium[심포지엄]의 어원-옮긴이), 즉 음주 파티를 벌였다. 이날 쉰포시온을 위한 식후(食後) 연설자는 언제나 인기 있는 아이스키네스(Aeschines)로, 그는 적지 않은 권세와 힘을 가진 웅변가였다. 오늘 그는 의례적(epideictic)이고 아부성 짙은(encomiastic) 연설로 좌중을 즐겁게 할 터였는데, 이런 표현은 연극적이고 과장된 용어로 어떤 덕목을 기리는 찬양 연설 혹은 어떤 악덕을 비판하는 비난 연설을 뜻한다.

　식사, 즉 '체나'(cena)가 본격적으로 시작되었고, 식사 후에는 '콘비비아'(convivia)가 이어질 터였는데, 이는 그리스어 '데이프나'(deipna, 주 요리)와 '쉰포시온'에 각각 해당하는 말이다. 사실 사교적인 사람이 아닌 갈리오는 이런 만찬회를 좋아하지 않았다. 이런 파티에 참석하는 이들은 대개 행실이 무질서하고, 폭음과 폭식을 과시하고, 언행이 무절제한 데다가 음모 꾸미기를 좋아하고, 음식 시중을 드는 젊은 노예 여성들을 성적으로 희롱하며 가지고 놀고, 정치와 인생에 관해 온갖 종류의 언어유희와 과장된 단평을 늘어놓곤 했다. 식사 후 이어지는 음주 파티에서 포도주를 부어라 마셔라 하며 퇴폐적인 분위기가 되어 가면 특히 더 그랬다.

갈리오는 조용히 식사를 했지만, 다른 참석자들은 추잡한 농담을 나눴고, 게걸스레 더 많이 먹으려고 이미 배 속으로 들어간 음식을 전용 사발에 토해 내기도 했으며, 그래서 파티가 진행될수록 대개 이들은 볼썽사나워졌다. 갈리오는 이런 식사 자리가 사람들의 사회적 서열을 반영하는 경향이 있다는 점을 다행으로 생각했다. 참석자들 중 가장 상스럽고 교양 없는 이들은 연회 주최자와 주빈(主賓)에게서 가장 멀리 떨어져 앉았으며, 음식도 사실 질이 떨어지는 음식을 먹었다. 최근 갈리오는 자신처럼 서바나 출신인 마르쿠스 발레리우스 마르티알리스(Marcus Valerius Martialis)라는 청년이 짧은 풍자시 한 구절을 읊는 것을 들었다. 너무 재미있어서 갈리오는 그 시를 다 외워 버렸다. 그 시는 만찬장의 말석에서 식사를 해야 하는 어떤 사람이 자기 처지를 한탄하는 내용이었다.

"만찬에 초대를 받았건만 … 내 앞에 차려진 음식은 왜 그대 앞의 음식과 같지 않은가? 그대는 루크리누스 호수(Lucrine

Lake)산 씨알 굵은 굴을 먹는데 나는 홍합 한 알, 껍질 구멍으로 빨아먹네. 그대는 양송이를 먹는데 나는 돼지 버섯을 먹지. 그대는 가자미를 뜯는데 내 것은 넙치. 살 오른 황금색 호도애(turtledove[비둘깃과의 새-옮긴이])의 훈제 엉덩이 살이 그대 입으로 게걸스레 들어가는데 내 앞에 차려진 것은 새장에서 죽은 까치 한 마리. 나는 그대와 함께 식사를 하고 있는데 어째서 혼자 먹는 기분인가, 폰티쿠스?"[11]

투키디데스가 갈리오 맞은 편 안락의자에 길게 기대 앉아 있다가 갈리오의 얼굴에 웃음기가 감도는 것을 보고 말을 걸어 왔다. "각하, 오늘 기분이 좋아 보이십니다. 이유가 뭔지 알 수 있을까요?"

"아, 그냥 재미있는 것이 생각나서요. 마르쿠스 발레리우스 마르티알리스의 풍자시입니다." 갈리오는 라틴어로 시 전문을 읊어 주기까지 했다. 아, 그러나 이 그리스인 제사장은 라틴어를 거의 몰랐고 그래서 이 시에 담긴 유머를 깨닫지 못했다. 하지만 그는 미소를 지으며 정중하게 고개를 끄덕였고, 그렇게 두 사람의 대화는 시작되자마자 금세 끝나 버렸다. 어찌되었든 식사는 끝나 가고 있었다. 그리고 시간이 되자, 다음 순서인 음주

---

[11] 마르티알리스의 유명한 풍자시 중 하나다-3,60.

파티 콘비비아에서 핵심 역할을 할 포도주 사환이 등장했다.

그리스에서 포도주 시중꾼은 젊고 성적 매력이 있는 십대 소년이 맡았는데, 이 시중꾼은 포도주를 미리 맛보는 일뿐만 아니라 소년을 대상으로 하는 남색 욕구를 충족시키는 역할까지 했다. 이 가련한 인물은 여자처럼 옷을 입고, 수염을 깨끗이 밀고, 다리털도 다 뽑았다. 갈리오는 동생 세네카가 이런 부류의 불쌍한 노예에 관해 뭐라고 말했는지 기억하고 있었다. "그는 밤으로 낮으로 시간을 쪼개 쓰느라 잠잘 틈이 없지. 낮에는 주인님 술주정 받아 주랴, 밤에는 주인님 욕정 받아 주랴." 당시로서는 흔한 일이었지만, 갈리오는 동생 세네카와 마찬가지로 그런 방탕한 행위를 즐길 시간도, 그리고 싶은 욕망도 없었다. 그는 동생에게서 흡수한 스토아 철학에 깊이 동화된 사람이었다.

투키디데스는 손뼉을 쳐서 사람들을 주목시킨 뒤 말했다. "이제 아이스키네스가 식후 연설을 할 순서입니다."

작달막한 키에 머리카락은 검고 구불구불하고 수염을 바짝 깎은 사내가 이제 연회장 한가운데 서서 좌중을 향해 한쪽 손을 들어 손바닥을 펴 보이고는 연설을 시작했다. 종소리처럼 맑은 음색이었다.

"고귀한 친구 여러분, 로마인들과 동료 그리스인들이여, 이

황공한 자리에서 여러분에게 한 말씀 드릴 수 있는 영광을 누리게 되어 기쁩니다. 제가 알기로 여러분은 설득의 기술을 명민하게 소비하는 분들이니, 단순히 접대용 연설이 아니라 여러분께서 만족해하실 만한 이야기를 들려 드리려 노력해 보겠습니다. 제가 주제로 잡은 것은 '음식과 음식 먹기를 찬양하며'입니다."

"'우리는 살기 위해 먹는다.'라고 말하는 이들도 있지만, 여러분은 보셔서 알 겁니다. '우리는 먹기 위해 산다.'라고 믿는 듯 눈에 띄는 허리둘레를 자랑하며 그 이론이 틀렸음을 증명하려는 이들도 우리 중에 있다는 것을 말입니다. 이 사람들의 삶은 음식을 중심으로 돌아가는 것 같습니다. 그리스 철학자들이 말했다시피, 세상에는 정신의 지배를 받는 사람도 있고 감정의 지배를 받는 사람도 있고 생식기의 지배를 받는 사람도 있지만, 위장의 지배를 받는 사람도 분명 있습니다. 오, 위가 말을 할 수만 있다면 뚱뚱보 자기 주인에 대해 뭐하고 말할지 한번 상상해 보십시오. 아마 이렇게 말하지 않을까요."

"'자, 지난 60년 동안 나는 뼈 빠지게 일했어요, 대략 육만 끼니를 소화하면서 말이에요. 네, 육만 끼니요! 이제 좀 쉬게 해 주겠지 하면 어김없이 음식이 또 식도로 내려와요. 더 먹을 준비됐느냐 묻는 사람 있냐고요? 당연히 없지요! 그냥 목구멍으로 밀고 내려와요. 물론 주인님이 정말 진탕 먹고 마시기로 작정했을 때는 예외입니다. 그런 경우 나는 내려온 음식을 다시 올려 보내야 합니다. 그래야 더 많은 음식이 내 좁은 구역으로 밀고 들어올 수 있을 테니까요. 한 가지 말씀드리자면, 나는 세상에 먹을 것, 못 먹을 것, 다 구경했답니다. 닭고기, 돼지고기, 새고기, 물고기, 심지어 개고기도 한 번, 우웩! 거기다 온갖 견과류, 과일, 채소, 사탕절임에, 케이크 종류도 다 먹어 봤고, 파이란 파이도 다 먹어 봤습니다. 데살로니가 땅에서부터 스파르타 땅 사이에서 나는 것은 다 시식해 봤다고요! 정말이지, 우리 주인님 식탁 덕분에 그리스 요리 안내서 한 권쯤은 펴낼 수 있을 것 같아요. 트집 잡으려는 말이 아니라, 우리 주인님은 정말 먹기 위해 산답니다. 가장 좋아하는 활동이지요. 먹는 거라면 섹스도 뒷전이라니까요. 아무에게도 말하지 않는다고 약속하면 내가 작은 비밀 하나 알려 드리지요. 우리 주인님은 자기가 나를 관리하고 통제한다고 생각하는데, 사실은 그 반대랍니다. 나는 주인님 몸에서 가장 큰 부위는 아닙니다, 하지만 주인님을 지배하고 부추겨 모든 계획을 세우게 하고 행동하게 하는 건 대개 바로 나지요. 여러분이 보시다시피 모든 이야기는 나, 위장이 다하고, 우리 주인님은 순종적으로 듣기만 하지요, 매일같이.'"

이 재미있는 연설은 삼십 분 정도 더 이어졌고, 아이스키네스는 그리스의 온갖 산해진미를 눈앞에서 보듯 생생하게 묘사했다. 연설 전반부에서 위장을 의인화해 배우처럼 "연기"를 해서 크고 작은 웃음을 자아낸 아이스키네스는 후반부가 되자 듣는 이들의 상상력을 자극해 군침을 흘리게 만들었다. 아이스키네스는 그 모든 음식을 그토록 생생히 묘사했다. 그러고 나서 그는 장황한 연설을 마무리하는 단계로 들어갔다.

"점잖으신 청중 여러분, 제가 오늘 여러분의 인내심을, 아니 최소한 여러분의 겨드랑이 받침을 너무 오래 혹사시켰습니다. 이제 이야기를 마무리하려고 합니다. 여러분도 저만큼 먹는 것을 좋아하신다면, 그리고 어떤 사람들처럼 먹기 위해 사신다면, 반드시 이런 결론이 뒤따라야 할 것입니다. 인생에서 정치가나 통치자나 노예나 아름다운 여인이나 의사보다 더 중요한 것은 요리사와 요리법과 이들이 만들어 내는 음식이라고 말입니다. 왜냐하면 우리는 한 몇 주 정도는 정치 연설을 듣지 않고도 살 수 있고(이 부분에서 누군가가 "들어, 들어[hear]"라고 말했다), 군 복무를 할 경우 여자 없이도 몇 주 정도는 살 수 있고, 시키는 대로 다하는 노예 없이도 몇 주는 버틸 수 있고, 거의 한평생을 의사 없이도 살 수 있지만, 음식 없이는 단 하루도 살 수 없는 게 사실 아닙니까? 음식을 먹으려는 욕구야말로 우리가 살아서 참으로 인생을 즐기는 데 가장 중요한 욕구라면, 요리사가 우리의 왕이어야 하고 훌륭한 음식이 우리의 신조(信條)여야 한다는 결론을 누가 반박할 수 있겠습니까? 한 현자(賢者)가 말했다시피 인간은 그저 빵만으로는 살 수 없으니 말입니다. 아니, 에피쿠로스 본인이 언젠가 말했습니다. '먹고, 마시고, 즐거워하라. 우리는 내일 죽을지도 모르니!'" 이 부분에서 파티 참석자들은 일제히 포도주 잔을 들어 건배했다.

갈리오는 몇몇 사람에게 공손히 인사한 후 신전을 나와 비척비척 집으로 향했다. 배는 음식이 가득 들어차 묵직했고, 머리는 포도주를 너무 많이 마셔 몽롱했고, 쓸개는 초과근무를 해 가며 담즙을 생산해 내는지 상복부 한가운데로 찌르르한 통증을 쏘아 보냈다. 일주일의 한가운데인 이날, 해는 지평선으로 기울고, 벌써 저녁의 한기가 느껴졌다. "따뜻한 집으로 돌아가자. 가서 쉬자. 내일은 분주한 하루가 될 테니."

7. 에라스도가 실종되다

 카밀라는 순진한 여자가 아니었다. 사실 카밀라는 세상 돌아가는 이치를 아주 잘 알고 있었다. 카밀라의 본능적 레이더는 이미 작동하기 시작했다. 에라스도는 그날 아침 집을 나섰고, 시간은 이미 저녁 식사 시간을 지났다. 보통 때라면 노예를 보내 집에 좀 늦게 당도할 것 같다고 카밀라에게 알렸을 것이다. 안마당에서 걱정스러운 얼굴로 카밀라 옆에 서 있던 어린 딸이 물었다. "어머니, 아버지는 어디 계세요? 지금쯤 집에 오셨어야 하잖아요?"
 한편 니가노르는 전에 자기 방으로 쓰던, 집 뒤편 방에서 깊은 잠에 빠져 있었다. 한낮에 몸을 깨끗이 씻고 식사를 마치자 잠과 꿈의 신 모르페우스가 니가노르를 감싸 안았고, 그는 여섯 시간을 마치 어린아이처럼 세상모르고 잤다. 거친 항해에 따르는 고단함과 무사히 집에 도착할 수 있을까 하는 불안감이 그동안 니가노르를 사로잡고 있었던 듯했다.

카밀라는 니가노르를 성가시게 하고 싶지 않았지만, 카밀라가 매우 신뢰하는 노예들이 있다 해도 니가노르보다 더 믿을 만한 사람은 없었다. 조용히 아트리움을 지나 후원(後園) 쪽으로 간 카밀라는 오른쪽으로 돌아 니가노르의 방에 이르렀다. 노크를 하기 전, 카밀라는 잠시 주저하며 방 안의 기척을 살폈다. 잠시 후, 동행한 율리아와 함께 방문을 두드리자 잠에 취해 대답하는 소리가 들렸다. 율리아는 다짜고짜 방 안으로 뛰어들어 니가노르의 침대로 달려들며 말했다. "일어나세요. 아버지가 집에 안 오셨어요."

잠에 취한 니가노르는 천천히 정신을 차리며 일어나 앉아 느릿느릿 다정하게 물었다. "뭐라고요?" 율리아는 니가노르의 손을 잡고 끌어당기며 일으켜 세우려 했다.

"율리아 말이 맞다네." 등불을 손에 들고 문가에 서 있던 카밀라가 말했다. "오늘 아침 자네가 도착하기 전에 외출하셨으니, 벌써 몇 시간 전에는 돌아오셨어야 하는데 말일세."

이제 완전히 잠이 깬 니가노르는 이런 느낌이 달갑지 않았다. 시간 엄수에 관한 한 에라스도는 빈틈이 없는 사람이었고,

귀가가 예상보다 늦어질 경우에는 늘 심부름꾼을 먼저 보내 알릴 만큼 예의 바른 사람이었다. 그는 가족을 너무 사랑하기에 그렇게 하지 않을 수 없었다.

니가노르는 침대에서 벌떡 일어나 튜닉 위에 모직 외투를 걸쳐 입으며 이 상황을 떠맡을 채비를 했다. "밭에서 일하는 사람들 중에서 제일 힘 좋고 믿을 만한 사람 셋만 부르세요. 날이 어두워도 도수관 지류로 가는 길을 찾아갈 수 있는 사람들이어야 합니다. 등불도 밝은 걸로 네 개 있어야 하고, 여분의 기름도 한 병 있어야 해요. 만약에 대비해서 크세르크세스 의원(醫員)도 같이 가야 합니다. 준비되면 곧 출발하겠습니다." 마당을 성큼성큼 가로질러가며 하늘을 올려다보는 니가노르 얼굴 위로 때마침 빗방울이 떨어지기 시작했다. "끝내주네." 니가노르는 혼잣말을 했다. "기막히게 때를 맞추는군. 빗속에서 어둠을 뚫고 가야 하다니."

아름다우면서도 창백한 카밀라의 얼굴이 걱정 때문에 더 핼쑥해 보였다. "부디 조심하게. 뭔가 알아내면 곧 사람을 보내서 무슨 일인지 알려 주게. 뭐 더 필요한 게 있어도 그렇게 하고. 여기 오네시무스를 데려가게, 걸음도 빠르고 길도 손바닥 보듯 잘 아니까." 카밀라는 니가노르를 잠시 포옹하며 말했다. "마침 자네가 돌아와 줘서 주님께 얼마나 감사한지. 이런 때는 늘 자네가 필요하지."

이번에도 또 그랬다. 카밀라는 주인 나리(lord)가 아니라 "주님"(Lord)께 감사한다고 했다. 니가노르는 이를 어떻게 생각해야 할지 몰랐다. 마님은 세상에 신이 오직 한 분뿐이라고 어떻게 그렇게 확신할 수 있을까? 하지만 그건 다음에 생각해 볼 문제였다. 지금은 한시가 급했다. 시간은 벌써 밤 아홉 시였다.

일행 다섯은 망토를 머리끝까지 뒤집어쓰고 오네시무스의 안내를 받으며 길을 나섰다. 몸을 굽힌 채 바람 속으로 들어가 오르막길을 오르노라니 비에 젖은 돌길 위에서 샌들이 자꾸 미끄러졌다. 칠흑같이 어두워 도저히 나다닐 수 없는 밤이었지만, 다른 도리가 없었다. 뭔가가 잘못되었으니 말이다.

훤한 대낮에도 아크로코린트 뒤편 언덕을 오르려면 빠른 걸음으로 적어도 한 시간은 걸리곤 했지만, 사실 이날 밤은 시간이 배는 더 걸릴 수도 있었다. 갈림길이 여러 번 나왔기 때문이다. 도수관 본류에서 갈라져 나와 에라스도의 빌라 쪽으로 내려가는 도관을 찾으려면 어느 길로 접어들어야 할지 세 번이나 선택을 해야 했다. 이 길을 따라서는 들판과 암벽만 이어졌고, 각자 하나씩 들고 있는 등불 외에는 길을 밝혀 줄 빛이 전혀 없었다. 삼십 분쯤 지나자 빗발이 세지면서 오네시무스의 등불이 탁탁거리다 꺼져 버렸다. 오네시무스는 말쿠스의 도움으로 심지를 말리고 기름을 확인한 뒤 등불에 다시 불을 붙였다. 그러는 사이에도 소중한 시간은 자꾸 흘러갔다. 누구라 할 것 없이 모두 긴박한 심정이었고, 깜박거리는 등불에 언뜻언뜻 보이는 이들의 얼굴에서 불안감을 읽을 수 있었다.

그 뒤로 삼십 분이 더 지나자 비는 이제 억수같이 퍼부었고, 온몸이 흠뻑 젖은 다섯 사람은 오르막의 각도가 거의 직각에 가까운 지점에 이르렀다. 아크로코린트 측면을 올라가 왼쪽으로 굽어지면서 점차 도수관 쪽으로 이어지는 길이었다. 오네시무스가 코끝에서 물방울이 뚝뚝 떨어지는 얼굴로 니가노르를 돌아보며 말했다. "이쯤에서 빛이 보여야 합니다. 주인님이 아직 여기 계신다면 말입니다. 주인님 말은 어디 있는 거죠? 아침에 말을 타고 나가셨는데요." 바로 그때, 나지막하게 히힝 우는 소리가 들렸다. 왼쪽으로 10스타디아쯤 떨어진 곳에서 나는 소리였다.[12]

"저기예요!" 오네시무스가 소리쳤다. "부케팔루스가 틀림없어요!" 소리가 나는 방향으로 일제히 달려가면서 오네시무스는 빗속에서 목청껏 고함을 질렀다. "가고 있어, 녀석아. 우리

---

12 스타디아(stadia)는 영어 'stadium'(스타디움, 경기장)의 어원으로, 특히 올림픽 유형 대회에서 거리를 측정하는 데 쓰인 표준 길이다. 1스타디아는 약 185미터이며, 따라서 10스타디아는 약 1.8킬로미터다.

가 가고 있다고, 부케팔루스!" 오네시무스는 도수관 방향의 경사면을 저돌적으로 가로질러 달렸고, 그렇게 십오 분을 더 가서야 일행은 말이 있는 곳에 이르렀다. 말은 차가운 겨울비에 온몸이 젖은 채 서 있었다. 니가노르의 외투도 흠뻑 젖어 마치 말안장만큼이나 무겁게 느껴졌다. 그는 가쁜 숨을 몰아쉬며 말 옆구리로 다가가 귀에 대고 속삭였다. "나리는 어디 계시니, 친구야? 그분은 어디 계셔?" 니가노르가 이 말을 타고 에라스도의 심부름을 자주 다녔던지라 부케팔루스도 니가노르를 금방 알아보았다. 부케팔루스는 자꾸 앞발로 땅을 찼다.

"주인님은 분명 근처에 계실 거예요. 부케팔루스는 집으로 가는 길을 알기 때문에 만약 주인님이 따로 집으로 돌려보냈다면 알아서 집을 찾아갔을 겁니다." 오네시무스는 다소 기대에 차서 말했다.

니가노르는 말의 갈기를 쓰다듬으며 다시 한 번 가만가만 물었다. "나리는 어디 계시니, 우리 친구? 그분한테로 나를 안내해 주렴." 말이 천천히, 신중하게 길을 따라 올라가기 시작했다. 최상부 도관까지 2, 3층으로 솟아 있는 도수관의 거대하고 거무스름한 형체를 빗속에서도 알아볼 수 있었다. 말은 도수관의 아치 아래를 지나, 반대편의 비교적 작은 측면 도관이 왼쪽으로 휘어지는 곳으로 갔다. 거기에, 관이 갈라지는 지점의 땅

바닥에 어떤 형체가 있는 것이 보였다. 부케팔루스가 그 형체를 넘어가 발굽으로 슬쩍 밀었다. 하지만 형체는 아무 움직임이 없었다. "이쪽으로 등불을 비춰 봐, 어서! 크세르크세스, 이쪽으로 와 봐요." 검은 형체 위로 등불들을 다 비추자, 이들이 가장 두려워하던 일이 현실로 나타났다. 거기엔 에라스도가 엎드려 있었다. 아무 움직임 없이, 부어 오른 뒷머리에 피가 낭자한 채…. 등 뒤에서 돌이나 다른 어떤 단단한 물체로 머리를 얻어맞은 것 같았다. 크세르크세스는 무릎과 두 손을 의지해 몸을 웅크리고는 에라스도의 가슴에 귀를 갖다 댔다. "아직 호흡이 있긴 하지만 매우 약해요. 가능한 한 빨리 집으로 모셔 가야, 상처를 치료할 수 있어요."

책임자인 니가노르가 말했다. "오네시무스, 최대한 빨리 집으로 달려가. 가서 주인님을 찾았다고 마님께 말씀드려. 살아 계시다고, 이제 집으로 돌아간다고. 다른 말 말고, 주인님이 조금 다치셨으니까 맞이할 준비를 하시라고만 해. 마른 옷하고, 침대, 습포, 깨끗한 물 한 통, 붕대. 다 기억할 수 있겠어?"

"예, 나리. 기억할 수 있어요. 그럼, 저 갑니다." 오네시무스는 그렇게 말하고는 어둠 속으로 사라졌다.

"우리는 할 일이 있어요." 니가노르가 말했다. "크세르크세스, 주인님을 말에 태워서 저하고 같이 붙들고 가야 해요. 당신은 체구가 작으니까 주인님 앞에 앉으세요. 그렇게 해서 우리가 앞뒤로 주인님을 지탱하면 돼요. 이 끈으로 우리 두 사람 허리를 두른 뒤 주인님을 저한테 묶을게요. 말쿠스, 너하고 저 친구들은 여기서 무슨 일이 일어난 건지 주변을 살펴서 알아보도록 해. 금방 끝내야 해. 곧장 집으로 돌아갈 거니까."

알렉산더 대왕의 말 이름을 따라 부케팔루스라 불리는 이 말은 대왕의 말처럼 크고 하얀 종마(種馬)로, 키가 19핸드(hand)[13]는 되었으며, 남자 셋 정도의 무게는 거뜬히 감당할 수 있었다. 니가노르는 말쿠스에게 고삐를 넘겨주고 맨 뒤편으로 올라탔다. 종들이 에라스도를 조심스레 들어올려 안장에 앉히자 니가노르는 두 팔로 그를 단단히 끌어안았다. 마지막으로 크세르크세스가 등자에 발을 넣고 뛰어올라 에라스도 앞에 미끄러지듯 자리를 잡았다. 크세르크세스가 고삐를 넘겨받았고, 일행은 언덕 아래 에라스도의 집으로 향했다. 에라스도의 등에 머리를 바짝 갖다 댄 니가노르는 그의 호흡 소리와 그의 가슴이 불길하게 가르랑거리는 소리를 간신히 들을 수 있었다.

---

[13] '핸드'는 말의 키를 재는 단위이다. 1핸드는 대략 성인 남자의 새끼손가락에서 엄지까지의 길이로 약 10.16센티미터이다.-옮긴이

8. 제안

 간밤에 거의 잠을 이루지 못한 니가노르는 아침이 되자 에라스도의 방문 앞을 서성거렸다. 에라스도는 머리에 붕대를 감고 의식이 없는 채 누워 있었다. 숨소리로 보아 호흡은 정상이었다. 어떻게 보면 그냥 잠자고 있는 것 같았다. 어린 율리아는 아버지 곁을 떠나려 하지 않았다. 아버지 옆에 웅크리고 누워 잠들었다가 잠이 깬 아이는 아버지의 손을 잡고 작은 소리로 기도를 했다.

 밖에는 여전히 비가 내리고 있었고, 방 안을 덥히는 작은 화로 하나만이 에라스도가 누워 있는 공간의 습기와 음울함을 막아 주었다.

 언제나 분별력 있는 카밀라는 니가노르가 방문 밖을 왔다

갔다 하며 맴돌자 몹시 마음이 쓰였다.

"쉿, 니가노르! 에라스도를 간호하는 데는 이 방에서 초조해하고 있는 두 여자만으로도 충분해. 크세르크세스도 당장 더 큰 위험은 없다고 말하고…. 우리도 주 예수님께 기도를 드릴 예정이라네. 게다가 자네는 레카이온 도로에 있는 자네 가게에도 아직 못 가보지 않았나. 자네가 다시 나타나기는 할까 하고 고르디아누스가 궁금해할 게 분명해. 이제 가서 자네 볼일을 봐야지."

니가노르는 하는 수 없이 제일 따뜻하고 비바람에 강한 외투를 걸쳐 입고 빗속으로 길을 나섰다. 그리고 길을 가면서 생각해 봤다. 에라스도의 친구 관계, 에라스도가 평소에 여러 사람들에게 주는 조언, 심지어 사업상의 후견인 관계를 평가해 볼 때 이번 일은 아무리 생각해 봐도 조짐이 좋지 않았다. 니가노르도 에라스도를 위해 기도를 해야 했다. 하지만 어느 신에게? 그는 확신할 수 없었다. 치유의 신 아스클레피오스에게 해야 할까. "크세르크세스의 말이 맞기를 바라야지. 잘 알아서 할 거야." 그러나 니가노르는 의사를 백 퍼센트 신뢰하지 않았고 기적에 대해서도 매우 회의적이었다.

● 자세히 들여다보기 ●

히포크라테스와 고대 그리스 의학

주후 2세기 유명한 로마인 갈레노스(Galen)가 의술과 해부학에 관한 보고서를 쓰기 오래전부터, 히포크라테스의 오랜 유산은 효력을 발휘했다. 주전 460년경, 그리스의 황금시대에 코스(Cos)섬에서 태어난 히포크라테스는 오늘날 현대 임상 의학의 아버지로 알려져 있으며, 현대 의학의 히포크라테스 선서는 그의 이름을 따서 만들었다.

히포크라테스는 질병이 자연적 원인 때문이지 신이나 기타 미신적 원인 때문은 아니라고 결론 내린 최초의 인물로 여겨진다. 피타고라스의 제자들이 말하기를, 히포크라테스는 철학을 의학과 연결한 한편 종교를 의학 분야와 분리한 사람이라고 했다. 오늘날에는 질병을 식생활과 생활 습관과 환경 같은 요인의 결과로 보지 않고 다른 식으로 해명한다는 것은 상상하기 힘든 일이다. 질병을 그와 같이 볼 수 있게 한 것이 히포크라테스의 업적이다. 그는 질병을 영적 원인 탓으로 돌리지 않는다. 그러나 이와 동시에 그는 인간의 해부학적 구조 및 이와 관련된 문제들에 관해 다수의 잘못된 추론을 하기도 했다. 몸의 '기질', 즉 몸 안에서 체액(혈액·점액·흑담즙·황담즙)의 상호작용이 건강과 질병을 설명해 줄 수 있다는 개념이 유명한 예다.

히포크라테스는 치료에 소극적으로 접근하는 방식을 신뢰했다. 그는 "자연 치유력"을 주장했다. 달리 말해, 몸 자체에 스스로 치유하는 힘이 있다는 것이며, 네 가지 체액에 다시 균형을 잡아 주는 것이 그 한 방식이라는 것이다. 그래서 히포크라테스 요법은 이 자연적 과정을 촉진시키는 데 치중했으며, 따라서 환자를 안정시키고 움직이지 않게 하는 것(immobilization)이 무엇보다 중요했다. 에라스도처럼 부상을 당한 경우, 처방은 언제나 동일했다. 움직이지 않고 안정을 취하는 것이다. 히포크라테스 요법은 과감하지 않고 조심스러워서, 깨끗한 물이나 포도주로 상처 부위를 소독해 환자의 청결을 유지시켜 줄 것을 강조했다. 다만 히포크라테스는 통증을 가라앉히는 연고 같은 건조 요법은 좋아했다.

히포크라테스는 약품에 의존하기를 꺼렸지만 잘 듣는 약을 이따금 쓰기도 했다. 외상이나 골절 같은 경우에는 소극적 접근법이 효과가 좋았다. 하지만 의학 이론과 실제가 아직 초기 단계에 있던 시절이라, 의사들이 할 수 있는 일이 고작 예리한 관찰력 및 비슷한 사례에서 수집한 자료에 대한 지식에 의존하는 것뿐일 때도 있었다. 그럼에도, 고대의 의사들은 놀라울 만큼 정교한 수준으로 외과 수술을 시행했다. 예를 들어 뼈를 다쳤을 때나 외상을 입었을 때 이를 치료했고, 심지어 특정 유형의 내장 수술도 했다.

에라스도를 구조한 뒤 제대로 몸을 씻을 시간도 없었던 니가노르는 먼저 목욕탕에 들렀다가 가게로 가기로 했다. 고린도 구시가로 들어가는 경계에 일단 이르자 니가노르는 남쪽으로 방향을 틀어 몇 스타디아를 걸어 시내의 두 목욕탕 중 비교적 시설이 더 좋은 곳에 도착했다. 그 목욕탕에는 니가노르가 알고 지내는 노예들도 있었고, 게다가 이곳은 목욕뿐만 아니라 면도를 하기에도 좋았다.

● 자세히 들여다보기 ●

목욕탕(2부)

1세기 고린도처럼 번화한 도시에서 복합 목욕탕 건물은 아주 정교한 시설이였으며, 심지어 급속히 발전 중인 도시의 위상을 상징하는 역할도 했다(오늘날 미국 도시들의 스포츠 복합 건물처럼). 목욕 과정을 다 마치고 나와도 그게 끝은 아니었다. 손님이 몸단장하는 과정을 도우려고 노예들이 대기하고 있었다.

목욕탕에 가서 으레 하는 일 중의 하나는 날이 휜 작은 칼인 '스트리질'(strigil)이라는 도구로 피부에서 때를 벗겨 내는 것이었다(〈그림 8.2〉를 보라). 고대 세계에 알려져 있던 비누는(켈트족은 알

칼리 물질을 둥글게 뭉쳐서 사용한다고 알려져 있었다) 로마 사회에서는 쓰이지 않았다. 그 대신 향기 나는 기름을 피부에 바른 뒤 때와 함께 문질러서 벗겨 냈다. 돈 있는 사람들은 이 일을 노예에게 맡기곤 했다. 몸의 부위에 따라 거기 사용되는 스트리질의 크기도 달랐다. 믿거나 말거나지만, 인기 있는 검투사들은 자기 몸에서 문질러 낸 땀을 작은 병에 모았다가 팬들에게 판매했다고 한다!

그림 8.1. 냉탕에 앉아 있는 남자

세탁소도 이 복합 건물의 일부였을지 모른다. 세탁

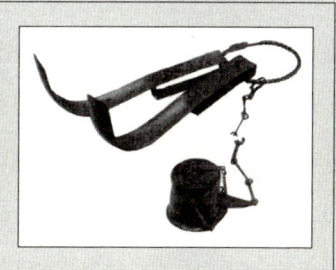

그림 8.2. 스트리질

소의 위치는 화장실 바로 옆이었을 것이다. 사람의 소변이 토가를 희게 만들고 새 옷처럼 보이게 만드는 최고의 표백제임을 고대인들은 알고 있었으니 말이다. 몸단장의 마지막 단계에서 두

> 피를 비롯해 몸의 다른 여러 부위에 향유를 바르는 한 가지 이유
> 는, 소변으로 표백한 토가는 아무리 말끔히 헹구어도 여전히 악
> 취를 풍길 수 있었기 때문이다. 로마인들은 그리스인과 달리 말
> 끔히 면도한 얼굴을 좋아했으며, 게다가 "족집게"와 탈모제를
> 써서 팔다리를 깨끗하고 매끄러워 보이게 만들었다.

 말끔히 씻어 기분이 상쾌해진 니가노르는 십오 분쯤 걸어 가게에 도착했다. 고린도식 기둥이 그려진 간판이 보이자 그의 얼굴에 미소가 피어올랐다. 지난 이십사 시간 동안 있었던 일에도 불구하고, 집에 돌아와 다시 자기 사업체를 돌볼 수 있게 되니 기분이 좋아졌다. 가게 문은 조금 열려 있었고, 돌 위에서 금속이 둔탁하게 쿵쿵거리는 소리가 안에서 들려왔다. 주 도수관을 수리하는 일은 예상보다 시간이 많이 걸리고 있었다. 도수관 상태를 처음 살펴보는 작업은 니가노르가 로마행 배를 타기 직전 자신의 감독 아래 진행했다. 수리 작업을 진행하면서 물이 새는 부분을 새로 발견했다. 도수관을 수리한다는 것은 새 돌을 숱하게 절단하고 오래된 돌을 끌로 다듬는 작업을 해야 한다는 뜻이었다. 또한 수리 기간 동안에는 물을 잠가 두어야 했다. 하지만 지금 시점에서는 돌을 미리 절단해 두는 작

업만 진행하고 있었다.

고르디아누스는 범상한 사람이 아니었다. 언뜻 보면 검투사 아닌가 하는 생각이 들 수도 있었고, 어쩌면 타베르나 경비원으로 보일 수도 있었다. 한 덩치 하는 이 남자는 사실 상냥하고 부드러운 마음에 예술적인 면도 있는 사람이었다. 가족을 먹여 살리느라 돌 작업을 하고 있긴 하지만, 그가 간절히 하고 싶어 하는 일은 조각이었다. 그는 사람 좋아하고, 다정하고, 부지중이거나 우연이 아닌 한에는 파리 한 마리 못 죽이는 사람이었다. 2미터 가까운 키에 체중 110킬로그램의 거구인 그가 서 있으면 레카이온 도로에 있는 니가노르 소유의 이 작은 가게 공간이 가득 찼다.

"헤이, 꼬맹이." 니가노르는 가게 문으로 들어서며 소리쳤다. "오랜만이야."

'꼬맹이'가 니가노르를 불쑥 덮치며 갈비뼈가 아플 만큼 으스러지게 껴안았다.

"좋아, 좋아, 그만!" 니가노르는 발버둥을 쳤다.

"잘 갔다 오셨습니까, 대장님."

"대장님이라 부르지 말라고." 니가노르는 씩 웃으며 말했다. "우리는 함께 일하는 거야. 돌을 넉넉히 잘라 놓아야 산으로 싣고 가서 배관을 고칠 텐데, 지금 어느 정도나 진행됐지?"

"조금만 더하면 됩니다. 도수관까지 돌을 싣고 갈 수레도 빌리고 노예도 몇 사람 고용해야 할 거예요. 제가 아무리 힘이 좋아도 혼자서 멀리까지는 이 돌들을 다 못 옮깁니다. 참, 이상한 일이 있었어요."

"이상한 일이라니?" 니가노르는 어리둥절한 얼굴로 대답을 재촉했다.

"이틀 전에 측량을 하느라고 도수관에 갔었는데, 이상한 것 두 가지가 눈에 띄었어요. 하나는, 언덕 아래 에라스도 나리 댁으로 연결되는 배관에 어떤 사람이 일부러 커다란 돌멩이를 넣어 놓았더라고요. 그 돌이 우연히 거기로 굴러 들어갈 리는 없거든요. 제가 막대기를 주워서 돌을 빼냈지요. 시간이 꽤 걸렸습니다. 에라스도 나리가 대장에게 신세 한번 지는 거라고 생각했지요."

"또 하나는 뭔데?"

"이건 더 이상한 일인데 말입니다. 그날 일찍, 비 내리기 전, 불량배 녀석 둘이 도수관 배관 갈라지는 곳 근처를 쓸데없이 어슬렁거리는 것을 봤거든요. 딱히 하는 일도 없으면서 말이지요. 그냥 앉아 있기도 하고 일어나서 돌아다니기도 하고 그러더라고요. 이상한 생각이 들었지만 내가 신경 쓸 일이 아니어서 그냥 언덕을 돌아 도수관을 수리해야 할 지점으로 갔어요.

그런데 나중에 비가 와서 서둘러 언덕을 내려오다가 보니, 저 멀리에 큰 흰말 한 마리가 올리브 나무 아래 혼자 서 있더군요. 도망친 말인가 보다 했지만 저녁 먹을 시간이 지나 아내가 벌써 화가 나 있을 것 같아 그냥 내려왔어요."

니가노르는 가게 바닥을 내려다보며 곰곰이 생각에 잠겨 한동안 말없이 서 있었다. 얼마 후 그는 고개를 돌려 길 쪽을 내다보았다. 빗물에 씻긴 돌바닥이 아침 햇살에 반짝거렸다. 다시 고개를 돌리며 그는 말했다. "그래, 이 일로 자네를 귀찮게 할 생각은 없지만…. 간밤에 에라스도 나리가 거기 그 말 근처에 정신을 잃고 쓰러져 계신 걸 발견했어. 머리가 크게 부은 상태로 말일세. 이제 생각해 보니 그냥 우연히 넘어져서 다치신 게 아니라 무언가 안 좋은 일이 진행되는 것 같아."

"불길하군요. 대체 누가 에라스도 나리에게 해코지를 하려는 걸까요? 나리는 점잖고 정직한 분이신데."

"그러게 말일세. 짐작 가는 사람이 하나 있기는 해. 그 사람 이름은 당분간 입에 올릴 수 없지만…."

그때 마침, 무슨 신호이기라도 한 듯 노크 소리가 들렸다. 니가노르가 문을 열어 주자 아이밀리아누스의 수석 노예인 푸블리우스가 이를 드러내 보이며 웃는 얼굴로 서 있었다.

"니가노르님, 은밀히 드릴 말씀이 있습니다." 푸블리우스는 손가락으로 니가노르를 부르는 시늉을 하며 말했다.

니가노르가 가게 밖으로 나가자 푸블리우스가 나지막이 말했다. "저희 주인님께서 니가노르님을 즉시 모셔 오라고 하십니다. 긴히 하실 말씀이 있나 봅니다, 뭔지는 제가 잘 모르지만. 오데온(음악당) 근처 '카스토르와 폴룩스'[14] 카우포나(caupona, 주점)에서 바로 만나 뵙기를 청하십니다. 뒷방에서요. 긴급한 사업상 문제라고 하십니다."

"그러시겠지." 니가노르는 무서운 일을 예감하며 대답했다. "잘 알겠네. 지금 가지." 니가노르는 고르디아누스에게 손을 흔들어 보이며 말했다. "금방 다녀오겠네."

'카스토르와 폴룩스'는 주점이라고는 하지만 대다수 그런 술집 시설에 비해 조금 더 부유층 손님을 대상으로 하는 곳이었다. 오데온을 굽어보는 언덕 꼭대기에 자리 잡은 이 주점에서는 넓게 펼쳐져 있는 올리브 밭과 포도원 너머로 멀리 아드리아해의 푸른 바닷물까지 볼 수 있었다. 건물 문에 걸려 있는 커다란 나무 간판에는 밤하늘의 별 배경에 에워싸인 쌍둥이 형제 카스토르와 폴룩스가 밝은 색 도료로 새로 그려져 있었다. 이 간판은 언덕 아래 몇 스타디아 떨어진 바닷길에서도 보

---

[14] 카스토르와 폴룩스는 제우스 신과 레다의 쌍둥이 아들이다. 쌍둥이자리가 이들의 별자리다.—옮긴이

였다. 언제나 그렇듯 성공의 열쇠는 위치, 위치, 위치다.

● 자세히 들여다보기 ●

로마령 고린도에서 포도주 마시기와 식사하기

로마 식민 도시에서는 다양한 곳에서 식사를 할 수 있었다. 형편이 안 좋은 사람, 신전의 만찬장이나 화려한 저택의 만찬 모임에 초대받지 못하는 사람은 세 가지 장소 중에서 선택할 수 있었다. 포피나(popina, 식당), 카우포나(주점), 타베르나(선술집). 포피나는 고대의 패스트푸드 식당이다. 흔히 가정집 건물 전면에 자리 잡은 이 식당에는 대리석 바(bar)가 설치되어 있었고, 이 바에 큰 질그릇이 드나들 만한 구멍을 낸 뒤 이 구멍을 통해, 길거리를 오가는 사람이나 바쁜 사람들에게 수프나 기타 따뜻한 음식을 팔았다. 반면 카우포나에서는 식사와 음료를 풀 서비스로 제공했고, 만남을 위한 공간도 마련되어 있었다. 카우포나든 타베르나든 그곳에 가면 선원, 도살업자, 관 만드는 사람, 석공(石工), 환관, 제사장, 협상 중인 사업가 등 온갖 인생 군상을 만날 수 있었다.

문헌을 보면 타베르나는 가장 저렴한 가격대의 음식을 팔고 카우포나는 그보다는 약간 고급 음식을 취급하는 경향이 있다는 인상을 받는다. 귀족 집안 사람은 니가노르처럼 노예 신분에서 해방된 자유민을 만날 때 당연히 카우포나에서 만나지만, 구부정하게 몸을 굽히고 들어가야 하는 타베르나 같은 곳에는 여간해서는 출입하려 하지 않았다. 귀족 집안 사람은 신전이나 자기 집에서 열리는 만찬에 자유민을 초대할 생각은 하지 않았다. 그 자유민이 이미 그 집안 대가족의 일원이 되었거나 피후견인으로서 지속적 관계망에 속해 있지 않는 한 말이다.

디베료(티베리우스) 황제와 글라우디오 황제는 타베르나와 카우포나를 온갖 말썽의 온상으로 보고 규제했다. 실제로 이즈음 글라우디오는 고린도의 이런 가게에서 벌어지는 성매매를 금지해 가게 주인들의 거센 항의를 받았다. 이 책에 등장하는 특정 카우포나가 그 근처 일부 타베르나와 실제적으로 다른 점은, 이 카우포나에는 위층에 숙식하는 밤의 여인들이 없었다는 점이다. 이 카우포나는 청결할 뿐만 아니라 포도주에 물을 그다지 많이 섞지 않기로 유명했다.

니가노르를 카우포나로 데리고 온 푸블리우스는 바텐더에게 손을 흔들어 보이며 바를 곧장 지나, 오른편 뒤쪽 구석으로 한참 들어가야 나오는 뒷방으로 안내했다. 벌써 와서 포도주를 마시고 있던 아이밀리아누스는 니가노르가 방으로 들어오는 것을 보고는 한 잔을 더 따라 마신 뒤 일어나 그를 맞았다.

"안녕하신가, 니가노르! 귀환을 환영하네. 배 타고 오가는 길이 그리 쉽지는 않았겠지."

"사실 항해가 힘들기는 했습니다만, 그럭저럭 살아 돌아왔습니다. 마른 땅에 다시 발을 디디니 좋군요."

"아무렴 그렇겠지. 어서 앉게. 내가 자네에게 한 가지 제안할 게 있네. 지난번보다 더 큰 건이지. 내 장담하건대 이번에 준비한 제안은 자네가 거절하지 못할 걸세."

작은 나무 걸상에 걸터앉은 니가노르는 이날이 자신의 삶을 영원히 바꿔 놓을지 모른다는 것을 직감했다. 하지만 눈치 빠르다고 하는 니가노르조차도 아이밀리아누스가 이제부터 무슨 말을 하려는지 짐작하지 못했다.

동정을 자아내려는 듯 약간 수심에 잠긴 표정을 짓던 아이밀리아누스는 목청을 가다듬고 이야기를 시작했다. "자네도 알다시피 신들은 나와 아내에게 아들을 허락하지 않으셨지. 게다가 이제 나는 미래에 대해 좀 더 명확히 생각하고 더욱 신중히 계획을 세워야 할 나이가 되었어. 그래서 내린 결론이 뭐냐 하면, 아들을 입양해서 내 후계자로 삼는 게 최선이라는 거지."

아이밀리아누스는 자기 말의 효과를 극대화하려는지 잠시 이야기를 멈추고는 포도주를 또 한 잔 들이켰다.

니가노르는 이쯤에서 뭐라고 한마디 해야 할 것 같아 입을 열었다. "현명한 생각이십니다, 나리. 장차 사업을 물려주실 사람이 생기는 거네요. 나리의 유산과 명성이 계속 이어질 것을 믿고 편히 쉬실 수 있겠어요. 신들이 축복해 주셔서 좋은 사람을 고르실 수 있기를 바랍니다."

아이밀리아누스는 싱긋 웃고는 말했다. "아, 이미 골랐다네."

"훌륭하십니다." 니가노르가 맞장구를 쳤다. "누군지 여쭈어도 될까요?"

"자네라네!" 아이밀리아누스의 목소리에 힘이 들어갔다. "자네가 내 아들이자 후계자가 되어 주었으면 하네. 내가 생각하기에 자네야말로 완벽한 선택이야. 많이 가르칠 필요도 없고 크게 준비할 일도 없으니 말이지."

니가노르로서는 예상치 못한 일이었다. 아이밀리아누스의 입에서 이 말이 나오는 순간 니가노르는 갑자기 사레가 들려, 마시고 있던 포도주를 식탁에 뱉어 내고 말았다. 발작적 기침이 이어지자 문가에서 보초를 서고 있던 푸블리우스가 하는 수 없이 다가와 니가노르의 등을 두드려 주었다.

"놀란 게 확실하군." 아이밀리아누스가 웃었다. "내 제안이 자네 마음에도 들기를 바라네. 수락하지 않을 수 없을 만큼 말이야." 니가노르는 쇠로 만든 커다란 띠가 머리를 죄는 듯한 느낌이었다. 평생 아이밀리아누스의 제1 공적(公敵)으로 살아갈 각오를 하지 않는 한 이 통 큰 제안을 어떻게 거절할 수 있단 말인가? 어떻게 이 위기를 벗어날까 하는 절박한 생각이 니가노르의 뇌리를 스쳤다. '아이밀리아누스와 그가 고용한 살인청부업자를 피해 고린도에서 도망치면 되잖아. 생각해 봐, 니가노르.' 마음은 이미 쫓기고 있었다. '어떻게 해야 시간을 벌 수 있겠는지 생각해 봐.'

니가노르는 목청을 가다듬었다. 그리고 진심이란 진심은 한 톨도 남김없이 끌어모아 나지막이 말했다. "나리의 아량에 몸 둘 바를 모르겠습니다. 저는 이 자리가 지난번 에라스도 나리에 관해 논의한 말씀을 다시 이야기하는 자리일 것으로만 생각했습니다. 이 새로운 제안은 제가 천 년을 산다 해도 꿈꿀 수 없을 일입니다. 나리, 아시다시피 저는 이제 막 집에 돌아왔습니다. 신경 써야 할 일도 많고 그간 진행된 일들을 확인도 해야 합니다. 아시는지 모르겠지만, 에라스도 나리가 모종의 사고를 당하셔서 카밀라 마님께 제가 옆에서 힘이 되어 드리겠다고 약속도 했습니다."

에라스도가 언급되는 순간, 아이밀리아누스는 이를 갈지 않으려 애를 썼다. 그 대신, 그는 깜짝 놀란 체하며 물었다. "그럼 에라스도가 지금 어디가 안 좋다는 말인가? 유감스러운 소식이군."

"예, 나리. 좀 안 좋으십니다. 지금도 머리 부상에서 회복되시길 바라고 있는 중입니다. 아스클레피오스 신이 그분을 도우시기를 기도해야겠지요. 하지만 상황이 어떠하든, 제 일을 좀 처리하고 카밀라 마님께 드린 약속도 지킬 수 있도록, 조금만 친절을 베풀어 주시고 이해를 해 주셨으면 합니다. 그러고 나서 곧 나리를 만나 뵈러 오겠습니다. 오래 기다리시게 하지는 않겠습니다. 이 일이 나리께 얼마나 중요한 일인지, 그리고 저에게는 얼마나 큰 영광인지 잘 알고 있으니까요. 하지만 제가 우선 마음을 깨끗이 하고 이 일에 관해 기도를 하지 않을 수 없네요."

아이밀리아누스는 잠시 아무 말이 없었다. 얼마 후 그는 이렇게 말하는 게 지혜롭겠다고 생각한 듯 입을 열었다. "좋아. 하지만 늦어도 다음 일요일, 그러니까 2월 13일 저녁때까지는 날 찾아와야 하네."

니가노르는 침을 꿀꺽 삼키며 손을 내밀어 악수를 청했다. 그리고 이렇게 마무리를 지었다. "약속드리겠습니다. 태양의 날, 동이 트기 전에 찾아뵙겠습니다." 그러나 카우포나를 나오면서 니가노르는 중얼거렸다. "이제 정말 덫에 걸렸군. 대체 내가 무슨 일에 말려든 거지?"

9. 재판받는 파울로스

지평선 위로 해가 고개를 내밀려면 아직 멀었는데 파울로스는 이미 일어나 분주하게 움직였다. 아침 기도를 드리고 식사를 마친 그는 곧 도착할 친구를 맞이할 준비를 했다. 카밀라의 허락으로 파울로스는 에라스도에게 고용된 서기 더디오의 소중한 섬김을 받기로 했다. 데살로니가에 있는 회심자들에게 편지를 쓸 일이 있었기 때문이다. 데살로니가의 회심자들에게서도, 디모데나 실라에게서도 한동안 아무 소식이 없는 상태였다. 이미 심한 박해가 있었고 심지어 몇몇 회심자가 죽기까지 했던 상황이 더 악화되었을까 파울로스는 걱정이었다. 파울로스의 사고방식에서 무소식은 나쁜 소식을 의미할 뿐이었다. 한편, 재판은 보통 동틀 무렵 시작되는데, 오늘 파울로스 재판은 갈리오의 사정으로 정오로 연기되었다. 전날 아덴에서 온 사절단이 갈리오가 긴급히 처리할 문제를 가져왔기 때문이었다. 재판 문제가 마음을 무겁게 짓누르기는 했지만, 파울로스는 시간을 허비하고 싶지 않았다. 그래서 더디오에게 동틀 때 와서 이 편지를 받아 써 달라고 했다.

더디오는 호리호리한 체구에 손가락이 길쭉해서 날이면 날마다 철필로 글씨를 써야 하는 서기로서는 안성맞춤의 조건을 지닌 사람이었다. 더디오는 속기술을 발명한 키케로의 유명한 서기 티로(Tiro) 같은 사람은 아니었지만, 그럼에도 아주 읽기 쉽고 멋진 필체를 지닌 착실하고 믿을 만한 비서였다. 파울로스는 더디오의 실력에 관해 불평할 이유가 전혀 없었지만, 그리스-로마 세계의 비교적 정예 서기관들에게 구술을 시킬 때에 비해 아무래도 시간은 조금 더 걸릴 터였다.

파울로스가 브리스길라, 아굴라 부부와 함께 살고 있는 집의 거실 창으로 햇살이 살짝 비치기 시작한 바로 그때 누군가 문을 두드리는 소리가 들렸다. 파울로스는 안채에서 아직 잠자고 있는 브리스길라를 방해하지 않으려고 살금살금 움직였다. 조심스레 문을 연 파울로스는 더디오를 반갑게 맞으며 마당으로 나가 벤치에 앉자고 귓속말을 했다. 약간 쌀쌀하기는 했지만, 편지 받아쓰기는 조금 시끄러울 수도 있는 일이었기에 집

안보다는 마당이 좋을 듯해서였다.

파울로스를 마주 보고 돌 벤치에 자리를 잡은 더디오는 밀납판을 열고 작은 철제 필통에서 철필을 꺼낸 뒤 말했다. "저는 준비됐습니다, 선생님 준비되시면 말씀하십시오."

절차는 아주 간단했다. 더디오가 자기 앞에 놓인 기록판에 파울로스가 불러 주는 말을 받아 적은 뒤 에라스도의 집으로 가지고 가서, 정서체로 '스크립툼 콘티눔'(scriptum continuum), 즉 단락 구분이나 구두점 없이 글자를 연속해서 쓰는 방식으로 편지 사본을 두 장 만들 터였다. 그러나 사본을 만들기 전 파울로스가 원본을 다시 읽어 보며 편지가 제대로 쓰였는지 확인해야 했다. 파피루스와 잉크와 철필은 결코 값이 싸지 않았기에 파울로스도 더디오도 다소 비싼 이 물건들을 조금이라도 낭비해서는 안 되었다. 편지가 일단 파울로스의 마음에 들게 쓰이면, 이 편지를 데살로니가로 가지고 갈 사람을 찾아야 했다. 아굴라가 그쪽으로 간다는 걸 진즉 기억했더라면 좋았을 것을! 어느 경우든 파울로스는 자신의 편지를 동역자들이 들고 가서 전달하는 쪽을 선호했다. 그래야 이들이 그 편지를 큰 소리로 읽어 주며 수사학적 효과를 극대화할 수 있었기 때문이다.

파울로스는 목청을 가다듬고 구술을 시작했다. "파울로스와 실루아노와 디모데는,"

"하나님 우리 아버지와 주 예수 그리스도 안에 있는 데살로니가 사람들의 교회에 이 편지를 씁니다."

"하나님 아버지와 주 예수 그리스도께서 내려 주시는 은혜와 평화가 여러분에게 있기를 빕니다."

"형제자매 여러분, 우리는 여러분으로 인해 늘 하나님께 감사를 드릴 수밖에 없습니다. 그렇게 하는 것이 당연하니, 여러분의 믿음이 크게 자라고 있으며, 서로를 향한 여러분 모두의 사랑이 더욱 풍성해지고 있기 때문입니다. 그러므로 우리는 온갖 박해와 환난 가운데서도 여러분이 간직한 그 인내와 믿음에 대해 하나님의 여러 교회 가운데서 여러분을 자랑하고 있습니다."

"이 모든 일은 하나님의 심판이 옳다는 증거이며, 그 결과 하나님께서 여러분을 하나님 나라에 합당한 사람이 되게 하실 것입니다. 여러분은 참으로 그 나라를 위하여 고난을 당하고 있습니다. 하나님은 공의로우십니다. 하나님께서 여러분을 괴롭히는 자들에게는 괴로움으로 갚아 주시고, 괴로움을 받는 여러분과 또 우리에게는 안식으로 갚아 주실 것입니다. 이 일은 주 예수께서 당신의 권능 있는 천사들과 함께 하늘로부터 불꽃에 싸여 나타나실 때 일어날 것입니다. 그분은 하나님을 알지 못하는 자들과 우리 주 예수의 복음에 순종하지 않는 자들을 벌하실 것입니다. 그분께서 자기 성도들에게서 영광을 받으시고 모든 믿는 사람에게서 찬사를 받으실 날, 이들은 영원히 멸망하는 형벌을 받을 것이며, 주님 앞과 주님의 권능의 영광에서 떨어져 나갈 것입니다. 믿는 사람들에는 여러분도 포함됩니다. 왜냐하면 여러분은 우리가 여러분에게 전한 증거를 믿었기 때문입니다."

"이 점을 염두에 두고 우리는 언제나 여러분을 위해 기도합니다. 우리 하나님께서 여러분을 그의 부르심에 합당한 사람이 되게 해 주시며 또한 그의 능력으로 여러분의 모든 선한 소원 및 믿음이 촉구하는 모든 행위가 열매를 맺게 해 주시기를 말입니다. 우리가 이렇게 기도함은, 우리 하나님과 주 예수 그리스도의 은혜를 좇아 우리 주 예수의 이름이 여러분에게서 영광을 받고, 여러분도 그리스도 안에서 영광을 받게 하기 위해서입니다."

파울로스가 이 수사학적 강설을 다 마치려면 아직도 멀었는데, 여기까지 구술하는 데만도 벌써 삼십 분이나 걸렸다. 한 문장을 말하고 나서 데디오가 받아쓸 수 있도록 잠시 멈추었다가 또 한 문장을 말하다 보니, 벌써 밀납판 한 면이 그리스어 대문자로 거의 가득 찼다. 파울로스의 계획은 실루아노와 디모데가 올 때까지 기다렸다가 편지를 읽어 보게 하고 의견을 구한 다음, 둘 중 한 사람에게 들려 데살로니가로 보내서 읽고 설명하게 하려는 것이었다.

바로 그때 브리스길라가 빵과 올리브, 말린 생선, 포도주 잔이 담긴 쟁반을 들고 마당으로 나왔고, 그래서 두 사람은 간단하게 식사를 하면서 편지를 쓸 수 있었다. "정오 전에 베마로 출발하셔야 하는 것 잊지 마세요." 브리스길라가 상냥한 음성으로 말했다.

마당의 해시계를 보면서 파울로스가 대답했다. "이제 좀 씻고 이런 날 딱 어울리는 가장 좋은 토가를 입어야 할 시간이군요. 로마 시민증도 챙겨야겠어요. 더디오, 편지 쓰기는 아마 내일 끝내야 할 테지만, 제가 오늘 이 대수롭지 않은 법적 문제를 해결하러 가 있는 동안 오늘 분량은 정서(正書)를 시작해도 됩니다."

그림 9.1. 회당 상인방 (석재)

"좋습니다, 선생님. 하나님께서 함께하시며 선생님을 변론해 주시기를 기원합니다. 제가 이런 말씀을 드려도 될지 모르겠지만요."

"되고말고요. 모든 일이 다 잘될 수 있기를 기도해 주세요, 남아 있는 회당 지도자들이 저한테 화가 많이 나 있거든요."

● 자세히 들여다보기 ●

고린도의 유대인

고린도에는 오랫동안 유대인 인구가 꽤 많았다. 유대인 작가 필론(Philo)은 40년대에 벌써 고린도에 큰 규모의 유대인 사회가 있었다고 말했다(*Legatio ad Gaius*, 281-282). 바울 시대에는 전체 유대인의 2/3가량이 유대와 갈릴리 아닌 타지에 살았으며, 로마 제국 내 대다수 주요 도시에서 유대인들을 찾아볼 수 있었고 이들이 제국 전체 인구의 약 7퍼센트를 차지했다.

고린도의 유대인들은 사업상 거래는 누구하고든 했지만, 고린도의 회당에 출석하지 않는 그리스인이나 로마인과 가깝게 지내는 유대인은 거의 없었다. 유대인은 주로 유대인과만 교제했다. 이들의 조상 중에는 카이사르 시절에 고린도 복구 공사나 그와 비슷한 다른 공사에 투입되는 노예로서 고린도에 끌려온 이들이 많았다. 이제 상당수 유대인이 노예 신분에서 풀려나 자유민이 되었고, 그중에는 꽤 번창하는 사업을 일군 이들도 있었다. 그래서 "히브리인들의 회당"도 세워졌다. 유대인의 직업은 선박 소유주에서부터 선박 노동자, 바울 같은 기술공에서부터 상인과 노예에 이르기까지 다양했으며, 이들 중에는 로마 시민인 사람도 있었고, 헬레니즘에 깊이 동화된 사람에서부터 유대교 전통을 고수하는 유대인에 이르기까지 각양각색이었지만, 바울처럼 전통적 유대인이면서 로마 시민인 경우는 극소수의 희귀한 사례였다.

유대인은 고린도의 회당을 중심으로 생활했는데, '아르키시나고고스'(archisynagogos), 즉 '회당장'(ruler of the synagogue) 그리스보는 회당 예배를 주관하는 사람으로, 이 책에서 말하는 일화가 발생하기 일 년 전쯤 바울이 전하는 말을 듣고 예수를 메시아로 믿는 바울파 유대교로 회심했다. 회당장 한 사람이 회심한 것도 유감스러운 일이었는데, 그것만으로는 부족하기라도 한 듯 다른 구성원들도 회당을 떠났고 최근에는 스데바나와 그의 가족들이 회심을 한 참이었다. 스데바나 가족 일이 결정타였다. 이들이 회당을 떠나 바울에게 세례를 받자, 남아 있는 회당 지도자 소스데네는 바울을 상대로 행동을 취하기로 결정했다. 지위가 높고 교

> 육 수준이 높은 후견인들을 잃는 사태를 더는 두고 볼 수 없었기 때문이다. 그는 지역 바실리카를 찾아가 바울을 고소했고, 이 문제는 결국 총독 갈리오의 귀에도 들어갔으며, 이에 로마의 사법 체계가 작동했다.

파울로스 같은 유대인 전도자의 삶은 불안정했다. 같은 나라 사람들이 그의 메시지를 대부분 거부하는 경우에는 특히 더 그랬다. 자신은 지상의 조국이 없는 사람이라는 것을 파울로스는 여러 면에서 실감했다. 유대 땅에서 환영받지 못하고, 가는 곳마다 매를 맞거나 옥에 갇히거나 쫓겨나거나 했던 것에 비춰 볼 때, 고린도에서 일 년 넘게 별 문제 없이 머물 수 있었던 것은 무언가 기록적인 휴지(休止) 기간이었다. 이는 파울로스가 고린도에 머물면서 금전적 가치가 있는 일에 종사했기 때문이기도 하고, 그가 회심시킨 사람들 중에는 필요할 경우 그의 뒤를 봐줄 수 있을 만큼 지체 높은 이들도 있었기 때문이다.

그러나 이날 파울로스는 친구나 사회적 보호 장치 면에서 다소 취약하다고 느꼈다. 에라스도 같은 이들이 와서 변론을 해 줄 수도 있을 텐데 다들 어디에 있는 걸까? 이날 아침 그런 사람들은 아무도 없었고, 갈리오 앞으로 처음 출두하는 그를 위해 그리스보나 스데바나도 모습을 드러내지 않았다. '재판 결과가 어떻게 나올지에 대해 나보다 더 확신이 있나 보군.' 파울로스는 그렇게 생각했다. '아니, 어쩌면 이들은 그저 기도해야 한다는 내 조언을 따르는 것일 수도 있어.' 어쨌든 파울로스는 가게에서 나와 일 스타디움을 걸어 재판정인 베마까지 혼자 갔다. 베마는 구시가 한가운데 있는 레카이온 도로 오른쪽에 있었다.

그림 9.2. 베마

토가를 단정히 차려 입고 브리스길라에게 매무새를 적절히 점검받았던 파울로스는 베마라고 하는 연단이 설치된 시내 중심을 향해 걸음을 옮겼다. "이번엔 소란을 일으킨 죄로 벌금만 물고 빠져나오게 될 거야." 파울로스는 그렇게 혼잣말을 했다.

그간 몸을 혹사한 데다가 걸핏하면 매질을 당한 것이 언젠가부터 사도의 몸에 타격을 주기 시작했는데, 아침 날씨가 눅눅해서인지 그는 걸음을 옮길 때마다 다리 관절에 불편함을 느꼈다. 위엄을 보이려 애쓰면서 걷기는 했지만 나이 든 티는 어쩔 수 없다는 것을 그는 알고 있었다.

● 자세히 들여다보기 ●

로마의 사법 체계

바울의 생애에서 이 에피소드가 언제쯤 있었던 일인지는 비교적 정확히 계산해 낼 수 있다. 갈리오가 고린도에 있었던 기간은 건강 문제로 물러나기 전 2년뿐이었기 때문이다. 갈리오는 주후 51년 5월 이전에 고린도에 도착한 것으로 보이며, 우리가 알기로 주후 53년에 고린도를 떠났다. 그러므로 이 재판은 주후 52년경에 있었을 것이다.

바울 시대에는 로마의 속주에서 진행되는 재판 절차가 충분히 확정되어 있었다. 기소자 혹은 원고가 총독 앞에 나와 사건을 보고했다. 그러면 피고가 총독 앞으로 소환되었다. 이 책의 스토리에서는 이 두 과정이 이미 진행되었다. 진상 조사를 위한 사전 신문(訊問)이 있는 경우, 재판은 연기되고 그동안 재판장이 사건을 숙고했다. 이와 같은 로마의 재판은 배심원에 의한 재판이라기보다는 판사에 의한 재판이었다. 하지만, 이번 경우의 재판은 심문해야 할 사안이 아니라 고소에 의한 재판이었기에(즉, 바울을 겨냥해 이미 고소가 이뤄졌다), 로마법상 고소인이 피고인과 함께 판사 앞에 출두해 직접 고발해야 했다. 법정에서 고발이 일단 이뤄지면, 피고인이 직접 답변해야 했다. 그런 재판에서 혐의 입증 책임은 고소인이 지는 것이 법규였다. 판사는 융통성 있게 이 다툼의 골자가 무엇인지 확정하고 처벌 수준을 결정했다.

사도행전 18장에 기록된 송사는 '엑스트라 오르디넴'(extra ordinem, 특별) 송사로, 총독이 직접 사건에 관해 듣고 결정을 내려야 했다. 고린도에서는 이런 경우 총독이 와서 재판정의 판사석 혹은 베마에 앉아, 몸소 결정을 내렸다. 총독은 자문회와 '노타리우스'(notarius, 속기사)의 보조를 받았으며, 노타리우스는 재판 과정을 면밀히 기록했다. 총독은 즉시 판결을 내릴 수도 있는 반면 판결을 연기할 수도 있었으며, 그러면 원고나 피고 어느 쪽도 소송 진행을 재촉할 수 없었다. 실제로 총독은 재판을 무기한 연기할 수도 있었다. 총독에게는 원로원에서 부여받은 '임페리움'(imperius), 즉 사건 당사자 모두를 위해, 그리고 특히 로마를 위해 최선이라고 생각되는 대로 행할 수 있는 권위와 권세

> 와 권한이 있었기 때문이다. 재판 연기는 사건 관계자들에게 당혹스러운 일일 수 있었다. 예를 들어 유명한 역사가 폴리비우스(Polybius)는 체포 상태에서 무려 십오 년 동안이나 "혐의자" 신분으로 지내면서 재판 날짜가 결정되기를 기다렸다.

거리를 따라 약한 바람이 불어와 파울로스는 살짝 몸을 떨었다. 잿빛 구름이 머리 위로 지나갔지만 비는 오지 않았다. 저기 앞에 베마 주변으로 사람들이 모여드는 것이 보였다. 그때 갑자기 뒤에서 나팔 소리가 들리는 바람에 파울로스는 깜짝 놀랐다. 총독이 행차하고 있으니 길거리를 오가는 이들은 총독 일행에게 방해가 되지 않도록 서둘러 비켜나라는 신호였다. 갈리오는 마차를 타고 나타났다. 그의 위상과 신분이 어느 정도인지를 보여 주는 행차였다.

갈리오는 노타리우스의 부축을 받으며 베마로 올라갔다. 그가 앉을 고관(高官) 의자를 들고 한 노예가 뒤따랐다.

도로에서 2.5미터 높이로 솟은 고층의 재판정 아래, 오른쪽에는 원고, 왼쪽에는 파울로스가 서자 군중이 일순 조용해졌다. 갈리오는 토가의 매무새를 바로잡았다. 갈리오 가까이에는

'릭토르'(lictor)[15]가 속간(束桿)을 들고 서 있었다.

로마에서 속간은 권위를 나타내는 전통적 상징으로, 약 1.5미터 길이의 자작나무 막대 다발을 붉은색 가죽띠로 묶어 일종의 실린더 모양으로 만든 것이었다. 속간은 행정관의 권세를 상징했다. 어디든 행정관이 공무를 이행하러 갈 때마다 릭토르가 속간을 들고 동행했다. 속간에는 도끼가 한두 개 붙어 있기도 했으며, 도끼날은 막대 다발 옆구리에서 바깥쪽으로 튀어나와 있었다.

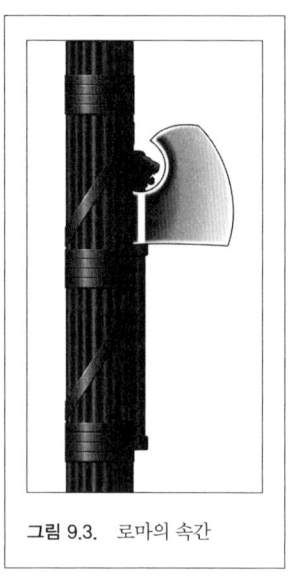

그림 9.3. 로마의 속간

속간은 전통적으로 생명과 죽음의 권세를 나타내는 한편(즉, 막대로 때리거나 도끼로 목을 벰으로써), 신약 시대에는 어떤 행정관도 재판 없이는 로마 시민을 처형할 수 없었다. 속간은 로마의 사법 정의가 이날 이 자리에서 시행된다는 사실을 분명히 보여 주었다. 갈리오는 소스데네를 비롯해 회당에서 선발되어 와서 함께 서 있는 열 명가량의 남자

---

15 속간을 가지고 집정관 등을 따라다니며 죄인을 잡던 관리-옮긴이

들을 향해 한 손을 들어 보이며 말했다. "진행하라."

힘찬 목소리를 지닌 젊은 남자 소스데네는 이렇게 이야기를 시작했다. "고귀한 총독이시여, 이날 우리는 이 사람 파울로스에게 심각한 불만이 있어 총독님 앞으로 나왔습니다. 이 사람은 여기 고린도 회당에서 모이는 우리의 적법한 회집을 와해하고 있습니다. 총독님의 신하요 평화를 사랑하는 우리는 다른 것은 바라지 않고 우리의 합법적 종교를 신봉할 수 있기만을 바라오니, 이는 글라우디오 황제께서 다시 한 번 확증해 주신 우리의 권리입니다. 우리는 이 고장의 선한 거주민들로서 때에 맞춰 세금을 내고 있으며, 다만 우리의 모든 이웃들과 더불어 화평 가운데 살고자 할 뿐입니다. 그 이웃이 로마인이든, 그리스인이든, 혹은 유대인이든 말입니다. 하지만 이 사람 파울로스는 우리가 예배드리는 곳으로, 우리의 생활 속으로 들어와 분란을 일으켰고, 부모와 자녀를, 남편과 아내를 이간시켰으며, 심지어 우리의 전 회당장 그리스보에게 얼마나 강한 마법을 걸었는지, 그는 십자가에 달려 죽은 크리스토스라고 하는 구원자에 관해 파울로스가 설파하는 이 미신에 빠져 버렸습니다."

이 부분에서 갈리오는 쿡쿡거리며 웃음을 터트릴 뻔했다. 십자가에 달려 죽은 구원자 혹은 신이라는 개념이 우스꽝스럽게 여겨졌기 때문인 듯했지만, 그는 끝까지 품위를 잃지 않았다.

"고귀한 갈리오시여, 이 사람이 사람들을 설득해 율법에 반하는 방식으로 하나님을 예배하게 만들지만 않는다면 저희는 이 문제로 총독님을 성가시게 하지 않을 것입니다."

이 말로써 이 사건의 핵심에 이르렀다고 생각했는지 갈리오가 소스데네의 말을 잘랐다. "충분히 들었노라. 이 파울로스가 사람들을 설득해 너희 율법에 반하는 방식으로 너희 하나님을 예배하게 만든다는 말인가?"

"그렇습니다, 각하." 소스데네가 대답했다.

"그것이 나와 무슨 상관인가? 고린도는 그대의 신을 포함해 많은 신들이 있는 도시이고, 그 신들은 어떤 방식이든 그 지역 제사장이나 지도자가 보기에 합당한 방식으로 경배를 받는다. 그대의 종교는 합법적 종교이니, 로마법 영역 안에서 그대가 합당하다고 여기는 대로 신봉할 수 있다. 하지만 이 사람 파울로스가 로마법을 범한 죄가 있음이 입증되지 않는 한, 이 일은 그대 스스로 알아서 해야 할 일임이 분명하니, 이 문제로 이 법정을 성가시게 하지 말라!" 갈리오는 이렇게 격렬한 감정을 쏟아 놓았다. 그리고 이어지는 말은 사실상 단상 아래 있는 사내들을 향해 쏘아붙이는 말이었다. "이것이 범죄나 심각한 악행에 관한 일이라면, 언제나 불평뿐인 너희 유대인들의 불만을 내가 받아들이는 게 옳겠으나, 지금 이 문제는 너희 유대인들의 말과 이름, 그리고 유대인 고유의 법에 관한 문제일 뿐이니 너희 스스로 처리하라. 실로 나는 그러고 싶은 생각이 없으니, 이런 대단찮은 문제의 재판관이 되기를 거부하노라!" 이 말과 함께 갈리오는 법정에 모인 사람들을 모두 해산시켜 버렸다.

갈리오의 해산 명령이 있자마자, 회당에서 선발되어 온 사람들은 소스데네를 붙잡아 매질을 시작했다. "이런 법정 다툼이 소용이 없으리란 걸 우리는 알고 있었다. 네가 총독을 짜증나게 만들고 총독 앞에서 우리를 공개적으로 망신시켰으니, 이제 그 벌로 너도 이 길거리에서 망신 한번 당해 보거라!"

갈리오는 이 광경을 못 본 체하면서 노타리우스에게 나지막이 말했다. "이 파울로스라는 자가 로마 시민이라는 걸 귀띔해 줘서 고맙네. 시(市) 인구 조사 대장에 일 년 이상 이름이 기록된 자라지. 로마 시민을 박해하려고 하다니 이 유대인들은 얼마나 어리석은지…."

파울로스의 등 뒤로 이런 소동이 벌어지고 있는 소리가 다 들렸다. 지혜롭게도 파울로스는 총독 쪽을 향해 고개 숙여 인사한 뒤 아무 말 없이 베마를 벗어났다. 어쩌면 파울로스가 알지 못하는 사이에 에라스도나 스데바나 같은 사람이 이미 속기사의 귀에 딱지가 앉도록 파울로스 이야기를 했을 수도 있었다. 잠언 한 구절을 떠올리는 파울로스의 얼굴로 미소가 번졌다. "신뢰할 수 없는 친구를 둔 자는 곧 망하지만, 형제보다 더 가까운 친구도 있다"(잠 18:24 사역). 로마의 사법 체계가 얼마나 간결하고 신속하게 작용했는지 파울로스가 브리스길라에게 보고를 마칠 때까지 잠깐 기다리도록 하자. 브리스길라는 여전히 집에서 기도하는 중이었다.

● 자세히 들여다보기 ●

로마의 재판

바울의 재판 같은 그런 재판에서, 고소인 측은 흔히 수사학 훈련을 받은 전문 변호사를 고용해 소송을 맡긴다. 하지만 소스데네는 그럴 만한 재원이 없었거나, 아니면 그렇게까지 할 필요가 없다고 생각했음이 분명하다. 오히려 소스데네가 이끄는 유대인 공동체가 직접 고소를 했다. 이는 몇 가지 이유에서 전략적 실수였다. 첫째, 바울은 전에도 이런 시련을 겪은 적이 있고(예를 들어, 빌립보에서), 결국 풀려났다. 바울은 재판에서 어떤 결과가 나올지 알고 있었다. 둘째, 바울은 훈련받은 웅변가였고, 그래서 자신이 동원할 수 있는 최상의 법정 수사(修辭)를 활용해 자기를 변호할 준비, 자기를 직접 변론할 준비를 하고 왔을 것이 틀림없다. 마지막으로, 소스데네는 몰랐을 수도 있지만 바울은 로마 시민이 기도 했다. 즉, 바울은 필요할 경우 뒷주머니에서 꺼내 쓸 수 있는 비장의 카드를 가지고 있었다. 또한 소스데네가 고려하지 못한 것은, 갈리오는 불평불만을 일삼는 유대인들을 참을 수 없어 했다는 점이다. 이 불평이 유대인 고유의 종교나 바울 같은 동료 유대인과 관계된 불평일 경우에는 특히 더 그랬다.

사도행전 18:13의 기록을 보면 바울에 대한 고소 내용이 다소 모호하다. 어쩌면 일부러 그렇게 기록했을 수도 있다. 이는 바울이 위반한 것이 유대인이나 로마인의 예배와 종교에 관한 법이라는 의미인가? 맥락상 분명한 것은("하나님"이라는 언급에 주목해 볼 때), 바울이 유대 법을 범했다는 것이며, 갈리오의 반응에서 이를 확실히 알 수 있다. 이는 유대인 내부 공동체가 처리할 일이라 말하고 있으니 말이다. 물론 문제는, 범죄자를 사형에 처할 권리, 또한 통례적으로 태형(笞刑)에 처할 권리는 로마 자체에 있었다는 점이다.

소스데네는 바울이 불법적인 새 종교를 설파하고 있다고 넌지시 에둘러 말할 수는 없었을까? 이는 가능한 일이며, 바울이 아덴의 아레오바고 앞에 섰던 것도 아마 이런 고발 때문이었을 것이다. 바울이 설파하는 것은 유대교의 한 형태가 아니라고 유대인들이 갈리오 앞에서 주장할 수 있었다면, 바울은 곤경에 처했을 것이다. 하지만 갈리오는 이 송사를 그렇게 생각하지 않는다. 사도행전 18장에 기록된 이 사건의 결말에서 보다시피 갈리오는 바울의 행동을 실제 범죄 혹은 심각한 사기나 협잡과 관련된 것으로 보지 않는다. 모종의 마에스타스(maiestas), 즉 반역은 더더욱 아니고 말이다. 그보다 이는 "이름과 언어와 너희 유대인들(만)이 지키는 법에 관한 논쟁"이다. 그래서 갈리오는 "이 일은 너희의 공식 판결로 너희가 직접 처리하라. 나는 이 일의 재판관이 되고 싶지 않다."라고 말하면서 소스데네의 법정으로 공을 넘겨 버린다. 로마의 법 전문가가 지적하다시피, 이는 엑스트라 오르디넴, 즉 특별한 사안에 권한이나 권세를 휘두르기를 거절하는 로마 행정관의 더할 나위 없이 올바른 답변이다. 이 판결을 갈리오가 바울의 편을 들었다는 뜻으로 해석해서는 안 된다. 갈리오는 그저 이 일이 유대인 공동체가 내부적으로 해결해야 할 문제라 말하고 있다.

마지막으로, 갈리오가 이 유대인 고소자들에게 별로 공감하지 않았음을 보여 주는 세 가지 뚜렷한 신호가 있다. 갈리오는 이들을 "너희 유대인들아"라고 부르는데, 이는 멸시를 나타내는 말로 보인다. 갈리오는 이들의 불평에 조치를 취해 주기를 거부하며, 그래서 마침내 이들을 재판정에서 다 쫓아냈을 때 소스데네가 동족에게 폭행당하는 것을 보고서도 고개를 돌려 못 본 체한다. 또한 여기서 주목해야 할 것은, 이 사건 후 바울이 그로부터 상당 기간, 특정할 수 없는 기간 동안 안심하고 고린도에 머물렀다는 점이다.*

* 이 점에 관해 더 알고 싶거나 어떤 책을 읽어야 할지 알고 싶다면, 필자의 *The Acts of the Apostles* (Grand Rapids: Eerdmans, 1998), pp. 551-555와 관련 주(註)를 보라.

10. 율리아의 기도와 니가노르의 경호원

고린도에 '디에스 베네리스'(Dies Veneris), 금성의 날(금요일)이 밝아왔다. 한 주가 다 지나가고 있었다. 에라스도가 곧 깨어나리라는 징후는 없었다. 그는 몸무게가 줄고 있었고, 창백한 얼굴에서는 근육이 늘어지기 시작했다. 율리아는 밤낮 아버지 곁을 떠날 줄 몰랐고, 남편의 호전을 바라는 카밀라 역시 마찬가지였다. 크세르크세스의 권고는 여전했다. 환자를 안정시키고, 인내를 갖고 지켜보라는 것이었다. 그가 무얼 더 할 수 있겠는가? 부상이 치유되는 데는 시간이 걸린다. 치료를 해야 하는 질병과는 달랐다.

니가노르가 에라스도의 집 입구에 도착한 것은 아침 아홉 시쯤이었다. 니가노르는 마음이 복잡했다. 밤새 속이 울렁거렸고, 잠도 거의 못 잤다. 그래서인지 기분이 좀 언짢아서, 집 안으로 들어가기 전 이런 기분을 억제하려고 애를 썼다. 문간으로 나온 사람은 카밀라가 아니라 문지기 유두고였다. 유두고는 니가노르가 여전히 이 집 가족이기라도 한 것처럼 곧바로 문을 열어 주었다. 카밀라는 아트리움으로 들어오는 니가노르를 보고 달려와 입맞춤하며 반갑게 맞았다. 하지만 니가노르는 카밀라의 충혈된 두 눈과 오른쪽 뺨으로 흘러내리는 눈물 한 방울에 주목하지 않을 수 없었다.

"나리는 좀 어떠신가요?" 니가노르는 두려운 마음으로 물었다.

"차도가 없으시다네. 그렇다고 심하게 더 나빠지고 있다는 징후도 없어. 하지만 살이 빠지기 시작했지."

"뵐 수 있을까요?"

"물론이지. 율리아가 방에 있는데, 너무 지쳐 있다네. 하지만 그 애가 자네라면 워낙 좋아하니까."

"네, 아가씨와 저는 서로 좋아하지요." 니가노르는 그렇게 말하며 애써 미소를 지어 보였다.

침실로 들어가자, 율리아가 제 아버지 옆에 누워 있다 일어나면서 뜻밖에도 이런 말을 했다. "기도하고 있었어요, 니가노르 선생님. 선생님은 나의 주 예수님을 아세요? 그분은 위대한 의원이세요, 크세르크세스나 아스클레피오스보다 더 위대한."

"아니요, 율리아 아가씨. 난 무신론자 아닌가 해요. 난 아가씨의 예수님을 잘 몰라요."

"알아야 해요. 선생님에게 어려운 일이 생겼을 때 도와줄 수 있는 분은 그분뿐이니까요. 예수님은 우리 아버지도 도와주실 거예요!"

니가노르는 아이의 말에 깜짝 놀라, 혹시 누군가가 율리아에게 자기 이야기를 한 것은 아닌가 하는 생각을 했다. "나한테 어려운 일이 생겼다는 걸 어떻게 알았어요?"

"선생님 얼굴에 쓰여 있으니까요. 무슨 큰 고민이 있잖아요. 우리 아버지 일 말고도요." 그리고 율리아는 일곱 살 어린아이 목소리로 말했다. "제가 선생님을 위해서 기도해 드릴까요?"

니가노르는 도저히 싫다고 할 수가 없어서 그냥 고개를 끄덕였다.

"그럼 내 손을 잡으세요. 우리 기도해요." 율리아의 작은 손이 니가노르의 훨씬 큰 손 안으로 쏙 들어왔다. "사랑하는 주 예수님, 예수님은 모든 걸 아시지요. 우리 선생님 마음속에 무슨 고민이 있는지, 선생님이 무엇을 원하고 선생님에게 무엇이 필요한지도 다 아시지요. 그리고 우리 아버지에게 지금 예수님이 필요하다는 것도, 다친 곳이 나아야 한다는 것도 아시지요. 이런 문제들을 해결해 주실 수 있나요? 저는 알아요, 예수님은 무엇이 최선인지 다 아신다는 것을. 그리고 예수님이 정하신 때는 언제나 옳다는 것을 말이에요. 그래서 제가 이런 소원들을 예수님 손에 맡깁니다. 니가노르 선생님에게 복을 주시고, 선생님이 어떻게 해야 할지, 또는 선생님이 어떻게 결정을 해야 할지 알 수 있게 해 주세요. 아멘."

니가노르는 율리아의 진심에, 그리고 그 간절한 기도에 감동을 느꼈다. 그리고 그는 마음이 아팠다. 이 어린아이는 신을 이렇게 의심 없이 믿는데 자신에게는 그런 믿음이 없다는 것을 알기 때문이었다. 니가노르는 율리아의 천진난만함과 그 순수한 마음이 부러웠다. "정말 고마워요. 이제 기분이 훨씬 나아졌어요, 마음을 짓누르던 짐을 내려놓은 것처럼. 우리를 위해 계속 기도해 줘요. 누군가가 듣고 있으니까." 율리아는 니가노르를 끌어안으며 말했다. "꼭 또 와 주세요. 주일, 그러니까 일요일에 오시면 어때요? 그날 우리 집에 친구들이 많이 모이거든요."

니가노르는 율리아를 향해 눈을 찡긋해 보이며 말했다. "생각해 볼게요." 카밀라가 문 앞에 와 있는 것을 보고 니가노르는 방에서 나와 아트리움 쪽으로 함께 걸었다.

"카밀라 마님, 에라스도 나리에게 무슨 일이 일어났었는지 좀 알 것 같습니다. 제 동료인 거인 고르디아누스가 그날 도수관에 갔었는데, 주 도수관에서 배관이 갈라지는 부분 근처에 건장한 남자 몇이 어슬렁거리는 것을 봤다고 하더군요. 조금 후에 도수관에 둥근 돌 하나가 박혀 있는 것을 보고 빼냈다고도 하고요. 그래서 이 댁에 다시 물이 나왔던 겁니다. 또 그날 저녁 무렵 비가 오기 시작했을 때 고르디아누스가 집에 가려고 언덕을 내려오고 있는데 부케팔루스가 올리브 나무 아래 혼자 서 있더랍니다."

"그러니까 그이가 말에서 떨어져 다친 게 아니라 누군가가 흉한 일을 꾸민 거라 생각한다는 것인가?"

"네, 그렇습니다. 그런데 제가 궁금한 것은, 에라스도 나리에게 원한을 품을 만한 사람이 누구냐는 것입니다. 누가 나리를 해치려고 한 것일까요?"

"정말이지 그이는 너무 다정하고 사람들이 좋아하는 분이라서, 누가 되었든 그이에게 원한을 품은 사람이 있을 거라고 말하기는 망설여지는군. 조영관 직을 놓고 경쟁하는 사람이 있기는 하지만, 그건 이번 일과 관련이 있을 수 없지. 안 그런가?"

"모르겠습니다. 하지만 만약 에라스도 나리에게 무슨 변고가 생겨 부적격자가 되신다면 아이밀리아누스가 거칠 것 없이 그 직위에 오를 테고 거기 따르는 권세도 누리겠지요. 일반 조영관이 아니라 고등 조영관은 공공 토목 공사도 관리하고 시

● 자세히 들여다보기 ●

조영관 직분

조영관(aedile) 직은 공화정 초기 이후로 존속되어 왔으며, '쿠르수스 호노룸'에서 '두오비르'(duovir) 바로 아래 직급이었다. 그리스어 '오이코노모스'(oikonomos)와 '아고라노모스'(agoranomos) 중 전자는 로마서 16:23에서 에라스도를 일컫는 직분으로 쓰인 것을 볼 수 있으며, 이 두 관직이 라틴어 표현 '아이딜레'(aedile)와 뜻이 같은 것으로 보인다. 조영관의 주 임무는 '쿠라 우르비스'(cura urbis), 즉 거리·시장·공공건물·수계(水系)를 관리 유지하고, 마을의 공공 소유 상점에서 임대료를 징수하는 일이었다. 애초에 바울이 에라스도를 만나게 된 것도 에라스도의 업무가 이런 일이었기 때문이라고 짐작할 수 있다. 어떤 지역의 경우, 조영관이 올림픽 같은 대회를 관리하기도 했으며, 이는 에라스도가 바울과 접촉하게 된 또 하나의 이유일 수 있다. 바울이 이런 대회 때 필요한 물자, 즉 천막 만드는 일을 했기 때문이다.

게다가 조영관은 공공질서를 유지할 책임도 있었다. 평민 가운데서 두 명의 조영관을 선발했고, '아이딜레스 쿠룰레스'(aediles curules, 고등 조영관)라고 불리는 두 사람은 귀족 중에서도 뽑고 평민 가운데서도 뽑았지만, 보통은 귀족 중에서 선발했

> 다. 이들은 사실상 행정관으로 일했다. '아이딜레'라는 말은 라틴어 '아이딜리스'(aedilis)에서, 신전이나 성별된 건물을 뜻하는 '아이데스'(aedes) 혹은 '아이디스'(aedis)에서 왔다. 이들이 제전(祭典)이나 대회를 관리한 이유는 거의 모든 제전이나 대회가 종교적 성격을 띠어서 어느 한 신의 후원을 받거나 그 신을 기리는 행사였기 때문이며, 원래 조영관은 신전을 유지하고 관리하는 일을 책임졌던 것으로 보인다. 각종 제전과 대회가 해당 도시와 신전에 큰 수익을 안겨 주었음은 말할 필요도 없다.

재정관도 맡는 등 큰 권력을 갖게 되니까요. 고린도에서 권력을 갈망하는 사람이라면 그 조영관 자리에 앉아 자기 명성과 명예를 높이는 일을 많이 할 수 있을 겁니다."

카밀라에게 알려야 할 것을 다 알린 니가노르는 가게에 새로 고용하게 될지도 모를 사람을 만나러 가야 한다는 인사를 남기고 에라스도의 집을 나섰다. 카밀라의 배웅을 받으며 고린도 방향 길을 따라 내려가던 니가노르는 중간에 다른 길로 접어들어 고린도와 이스트미아 사이에 있는 검투사 학교 쪽으로 향했다. 이제 크라쿠스를 찾아가 진지하게 이야기를 해 볼 때가 된 것이다. 니가노르는 지금 당장 힘을 키워야 한다고 믿어

의심치 않았다.

검투사 학교는 노예와 자유민이 기술을 연마하느라 소란스러운 곳이었다.

그림 10.1. 폼페이의 검투사 학교

돌담으로 에워싸인 넓은 운동장은 검투사들이 투기장에서 치르게 될 온갖 경기를 위한 연습 마당이었다. 복합 건물 뒤편에는 탈의실과 목욕탕이 있었고, 심지어 의무실도 있었다. 니가노르는 운동장을 두루 훑으며 크라쿠스가 어디에 있는지 두 번 물어본 끝에 의무실에서 그를 찾아냈다. 그는 불룩한 오른쪽 이두근을 꿰매는 처치를 받고 있었다. 살그머니 방 안으로 들어가 보았더니 의사가 한 바늘 한 바늘 뜰 때마다 크라쿠스가 움찔, 움찔, 또 움찔하고 있는 것이 보였다. 얼마 후 마침내 그 거한(巨漢)이 고개를 들어 니가노르를 발견하고는 환하게 미소를 지었다.

"안녕하십니까, 니가노르. 어인 일로 여기까지?"

"그 이야기는 조금 후에 하기로 하고, 지금은 무슨 일이 있었느냐고 물어야 하겠는데요? 연습 때는 목검이나 뭐 그런 것을 쓸 거라고 생각했는데…."

크라쿠스는 껄껄 웃으며 대답했다. "그게 말이지요. 보통은 그렇게 하는데, 스테파누스라고 하는 젊고 유망한 검투사가 제 실력을 실제로 시험해 보고 싶어 죽겠다고 하잖습니까. 그게 검투사들에게 어떤 의미인지 아시잖아요. 그런 도전 앞에서 뒷걸음질 친다면 검투사 체면이 말이 아니죠, 아무리 우호적인 도전이라도. 그래서, 어쨌든, 저기 운동장 뒤편에서 한 판 붙었는데, 제가 어쩌다 한눈을 팔았습니다. 웬 여자들이 언덕에 서서 운동장 담 너머를 내려다보더니, 그중 한 여자가 큰 소리로 '오, 크라쿠스, 그대가 내 남자가 되어 줄 수만 있다면!' 하는 거 아니겠습니까. 아주 잠깐 고개를 돌렸는데, 그 순간 퍽! 젊은 스테파누스가 제 팔뚝을 제대로 찌른 겁니다. 싸움 중에는 절대 다른 데 정신 팔지 않던 시절이 있었지요. 싸울 때는 싸움에만 무섭게 집중하는! 그런데 이제는 집중하기도 점점 힘들어지는 것 같아요."

"운명의 여신께서 주시는 말씀인지도 몰라요, 이 가벼운 상처는. 왜냐하면 전에 말한 그 일자리를 진지하게 제안하려고 내가 여기 온 거거든요. 지금 곧 시작합시다. 보수도 좋고 혜택도 많습니다. 당장 당신 도움이 필요해요!"

크라쿠스는 아무 말 없이 홀쭉하고 긴 턱을 쓰다듬더니 이내 입을 열었다. "아직 잘 나가고 있을 때 그만두는 게 현명할 것 같기도 해요."

"저도 방금 똑같은 말을 하고 있었습니다, 니가노르님." 몸집이 자그마한 의사가 마지막 바늘땀을 마무리 지으며 거들었다.

또 한 번 침묵이 흘렀고, 깊은 한숨도 이어졌다. 크라쿠스가 마침내 입을 열었다. "좋습니다. 몇 주 동안 시험적으로 일해 보겠습니다. 그러면서 어떻게 될지 지켜보자고요. 저도 사실 쉴 새 없이 온 나라를 돌아다니는 일은 그만두고 정착해서 가정을 꾸리고 싶거든요. 제가 보기에 고린도는 검투사가 퇴역하기 좋은 곳이에요, 어느 곳 못지않게."

니가노르의 얼굴에 함박웃음이 번졌다. "당신이 내 제안을 수락해 줘서 내가 지금 얼마나 안심이 되는지 아마 상상도 못할 겁니다. 기다리고 있을 테니, 어서 씻고 짐 꾸려 가지고 나와요. 학교 어른들하고 친구들한테 작별 인사도 하고요. 그러고 나서 함께 출발합시다."

"좋은 생각이에요." 크라쿠스는 그렇게 말하며 벌떡 일어나 그 커다란 손아귀로 니가노르의 손을 으스러져라 쥐고 흔들었다. '이제 터널 끝에 빛이 보이는군. 아이밀리아누스의 자객들이 등불을 들고 나를 쫓지는 못할 거야.' 니가노르는 생각했다.

11. 인슐라와 안식일

 고린도는 수백만 명 인구로 붐비는 로마 정도 규모의 도시는 아니었다. 제전이나 대회가 없고 항구에 큰 배도 들어오지 않는 2월의 평범한 날, 고린도 주민 수는 오만 명 정도였다. 다른 비슷한 도시들과 마찬가지로, 인구의 2-5퍼센트 정도가 부유층에 속했고, 나머지 95퍼센트는 부자가 아니었다. 부자들의 대궐 같은 저택이나 빌라와 대조적으로, 도시 주민 대다수는 시내 몇몇 구역에 몰려 있는 인슐라(insulae), 즉 다층(多層) 복합 아파트 건물에서 살았다. "시내 그 지역"은 도로도 좁고, 공중 위생 상태는 개탄스러울 정도였으며(사람들은 요강에 담긴 배설물을 그대로 길거리에 쏟아부었다), 특히 날씨가 더워지기 시작하면 층간 다툼으로 걸핏하면 사회적 갈등이 생겨났다. 인슐라에서는 부모 없는 아이들이 고삐 풀린 망아지처럼 돌아다녔고 노인들은 거리 모퉁이에 앉아 구걸을 하기도 했다. 인구 밀도는 1에이커(약 4000제곱미터)당 평균 137명이었으며, 상상 가능한 온갖 형태와 모양, 그리고 형편도 가지각색인 인간 군상을 다 볼 수 있었다. 언어와 사투리도 매우 다양했고, 라틴어가 아니라 그리스어가 공용어였다.

고린도의 인슐라 거주자들은 로마 제국 전역에서 모여든 사람들이었는데, 특히 이곳이 지중해 지역의 십자로인 데다가 로마 제국 노예 무역의 중심지였기 때문이다. 고린도에는 이집트인, 파르티아인, 시리아인, 유대인, 아시아인, 그리스인, 로마인, 에티오피아인 등이 있었다. 이들이 항구가 두 군데인 이 도시로 와서 절대 떠나지 않는 이유는 일자리 때문이었는데, 특히 건축 일이나 두 항구 중 어느 한 곳에서든 조선소 일을 할 수 있었다.

니가노르가 사는 동네는 주거 지역으로 딱 좋은 곳이었다. 위치가 언덕 정상이어서 바람이 그의 소박한 거처에서 멀리, 대개 내리막 방향으로 부는 구역이었다. 이웃도 몇 명 사귀었는데, 주로 가까이 지내는 이는 고린도에서 군 생활을 하다 전역한 로마 병사 출신 카시우스라는 사람이었다. 그는 빌립보 전투에서 옥타비우스를 위해 싸우다가 한쪽 팔을 잃었다고 했다. 카시우스는 전쟁 이야기를 즐겨 했고, 술이 거나하게 취했을 때는 특히 더 그랬다. 카시우스는 니가노르의 집에서 두 개 층 위에 살았다. 하지만 최근에는 니가노르가 바빠서 노병들과 함께 둘러앉아 이들의 전쟁 이야기나 회고담을 들을 시간이 없었다.

거리의 악취는 봄철에 아드리아해에서 형성된 온난 기류가 언덕으로 불어닥칠 때 빼고는 니가노르에게 큰 문제가 아니었다. 니가노르의 집은 아파트 1층으로, 이런 종류의 주택에서는 가장 넓은 집이었다. 그는 바로 위 2층에도 아파트를 한 채 더 소유하고 있었는데, 두 채 다 어떤 검투사에게 돈을 너무 많이 걸었다가 그가 경기에 지는 바람에 돈을 다 잃게 된 집주인에게서 한꺼번에 매입했다.

니가노르의 집 출입문 바로 옆에 있는 전면 벽은 밝은 빨간색 바탕에 흰색 줄무늬가 그려져 있었고, 발코니에서는 늦은 봄과 여름마다 커다란 부겐빌레아 덩굴이 진홍색 꽃을 피웠다. 니가노르는 나름대로 집을 약간 꾸미기까지 했으며, 운명의 여신 튀케가 자신에게 어울리는 아내를 허락해 줄 경우를 대비해 최선을 다해 집을 깨끗하고 쾌적하게 유지했다. 이제 니가노르의 아파트는 크라쿠스와 함께 쓸 것이므로, 이 집은 인생의 운이 트이기를 바라는 두 총각의 집이 될 터였다.

레카이온 도로를 따라 내려가 인슐라를 향해 가던 중 니가노르는 가게에 들러 크라쿠스를 고르디아누스에게 인사시키기로 했다. 골리앗과 골리앗의 만남이었다. 두 사람이 가게 입구로 들어섰을 때 고르디아누스는 여전히 커다란 석회석 덩이에 열심히 끌질을 하고 있었다.

"안녕, 고르디아누스. 자네에게 소개하고 싶은 사람이 있어." 나무 걸상에 앉은 채 고개를 든 고르디아누스의 시야에 낯익은 얼굴이 들어왔다. "크라쿠스다!"

"제가 아는 분이던가요?" 크라쿠스가 물었다.

"아니, 아니요. 저를 어떻게 아시겠어요. 저는 그저 팬입니다. 이스트미아 대회나 다른 대회에서 당신이 싸우는 것을 보러 여러 번 갔었어요. 제 아내 말이 당신 덕분에 우리가 재정적으로 버텨 내는 데 도움이 되었다고 하더군요, 제가 당신한테 계속 돈을 걸었거든요."

크라쿠스는 웃음을 크게 터뜨리고는 말했다. "그렇군요. 이제 다른 검투사를 찾아 응원하셔야겠네요. 아무래도 제가 칼과 방패를 내려놓고 여기서 이 젊은 주인 니가노르를 위해 일하게 될 것 같거든요. 늙어 쓸모없게 된 또 한 명의 서글픈 검투사가 되기 전에 말이죠. 싸우지 않아도 되는 생활을 적어도 몇 주 동안은 한번 시험해 보기로 마음먹었습니다."

"현명한 생각이군요, 틀림없이. 하지만 경기장에서 당신을 다시 볼 수 없는 건 애석한 일이네요. 당신은 최고였습니다!"
 바로 그때, 니가노르에게 한 가지 아이디어가 떠올랐다. 이틀 후 아이밀리아누스의 제안에 답변하러 갈 때 신변 보호를 위해 이 두 사람을 데려가야겠다는 것이었다. 어떻게 할지 아직 완전히 마음을 정하지는 않았지만, 이 순간 그는 제안을 거절하는 쪽으로 마음이 기울고 있었다. 아이밀리아누스가 순순히 이를 받아들이지는 않으리라는 것을 그는 잘 알고 있었다. 니가노르는 에라스도가 다친 일에 아이밀리아누스가 어떤 식으로든 관련 있으리라는 의심을 거둘 수가 없었다. 그에게는 동기도 충분했고, 에라스도를 해칠 수 있는 수단과 기회도 있었다. 하지만 어쨌든 지금은 크라쿠스를 집으로 데리고 가서 짐을 풀고 정리하게 해야 할 시간이었다.
 "고르디아누스, 나는 크라쿠스가 짐 풀고 정리하는 걸 도와야 해. 그리고 내일 아침 우리 다 같이 사업장 점검을 가게 될 거야. 그리고 내일모레, 일요일 저녁에 일이 하나 있는데 그 일과 관련해 두 사람에게 한 가지 부탁할 것도 있어."
 해가 뉘엿뉘엿 지고 있었다. 인슐라로 가려면 작은 회당 앞을 지나야 했는데, 니가노르와 크라쿠스는 회당 앞에서 잠시 걸음을 멈추고 유대인들이 회당으로 들어가는 광경을 지켜보

앉다. "우스울지 모르겠지만,…" 크라쿠스가 말했다. "일주일에 한 번 바로 이날, 저 작은 건물 안에서 사람들이 무얼 하는지 늘 궁금했어요. 아마 저들의 하나님에게 일종의 예배 같은 걸 드리는 거겠지요?"

"맞아요." 니가노르가 대답했다. "게다가 신기한 언어로 말이지요. 히브리어라고 하던가. 단음계로 노래도 부르고, 갖가지 기도도 해요. 그리고 성스러운 문서를 낭독하기도 합니다. 유대인들이 우리 그리스인이나 로마인과 달리 특이한 점은, 이들이 거룩한 책을 갖고 있고 그 책이 하나님께서 숨을 불어넣어 주신 책이며 하나님이 영감을 준 예언과 글로 가득하다고 믿는다는 점입니다. 우리 같으면 살아 있는 현자나 선견자를 찾아가든지, 아니면 산 위 델피 신전에 가서 신탁을 받을 텐데, 우리와 달리 이 사람들은 그 거룩한 책에서 삶을 안내받는답니다. 이 사람들은 그 책을 '토라'라고 부르는데, 내가 듣기로는 '가르침'이라는 뜻이래요. 또 한 가지 재미있는 점이 있어요. 유대인 여자들은 여사제가 될 수 없고 머리에 늘 수건을 써야 한답니다. 예배드리는 날에는 남자들도 머리에 무언가를 쓰지요. 유대인들은 자기들 고유의 달력으로 절기와 성일(聖日)을 지키고, 심지어 하루 시간을 일몰부터 다음 날 일몰까지로 계산해요. 이 사람들이 이렇게 저녁에 모이는 것도 그 때문이지요. 유대인들에게는 이 저녁 시간, 그리고 다음날 해 질 때까지가 성일(聖日)입니다. 이제부터 24시간 동안 이 사람들은 일을 전혀 하지 않습니다."

"이상하네요. 정말 이상해요." 크라쿠스가 말했다. "세상에 신이 오직 하나뿐이라고 믿다니요? 그런데 이 모든 걸 어떻게 그렇게 잘 아십니까?"

"내가 한때 가정교사 일을 했다는 걸 잊으셨군. 게다가 내 피후견인들 중에는 유대인도 있답니다. 이 사람들은 우리가 자기들 예배에 가면 반갑게 맞이하곤 하지요. 하지만 이 사람들 예배에 참석하려면 우리도 머리를 가려야 해요. 우리, 그런 모험은 다음날로 아껴 둡시다. 지금은 어서 새 거처로 가서 짐 정리를 해야지요."

"타베르나 일은 내일부터 시작하게 되는 겁니까?"

"아닙니다. 우선은 좀 쉬면서 다친 데가 낫도록 해야지요. 일단은 그냥 나와 함께 다니기만 하면 됩니다. 내 하루 일과가 어떻게 되는지도 익히고, 내 등 뒤에서 망도 좀 봐 주고요." 니가노르는 이 순간을 빌려 아이밀리아누스와 그의 제안에 관해 크라쿠스에게 자초지종을 다 털어놓았고, 에라스토 사건에 관한 의혹 또한 들려주었다.

크라쿠스는 열심히 듣고 있다가 이렇게 말했다. "이건 안 좋은 일입니다, 니가노르님. 저는 아이밀리아누스에 관해 나쁜 이야기를 많이 들었어요. 언젠가 검투 대회 승부를 조작해서 동료 내기꾼들에게서 큰돈을 우려냈던 것을 알고 계세요? 한번은 저에게도 접근해서 경기에서 져 주면 엄청난 돈을 주겠다고 한 적도 있어요. 물론 저는 그런 짓은 절대 안 한다고 하면서 그냥 무시해 버렸지요. 반짝인다고 다 금은 아니에요, 옛 말에도 있다시피. 저에게는 돈보다 명예가 더 중요합니다."

니가노르는 크라쿠스의 말을 곰곰이 생각해 보면서 고개를 끄덕였다. 크라쿠스는 몸집만 큰 게 아니라 그 울퉁불퉁한 어깨 위에 좋은 머리도 가진 사람이었다. 오데온을 굽어보는 언덕 위까지 걷는 동안 침묵이 이어졌다. 두 사람 모두 각자의 생각에 골몰해 있었다.

인슐라에 도착했을 때는 사방이 고요했다. "식사도 제대로 하고 술도 한잔합시다. 그리고 오늘은 그만 쉬기로 하지요. 내일은 바쁠 테니까."

크라쿠스가 빙긋이 웃으며 말했다. "일찍 잠자리에 들어도 잠을 얼마나 자게 될지 모르겠네요. 저 아래 오데온에서 에우리피데스 연극을 하니까요. 인슐라 모서리 벽에 전단 붙인 걸 봤어요. 〈바카이〉(*The Bacchae*)를 공연한대요. 그건 곧 술 진탕 마시고 고래고래 노래도 부르고 밤이 깊도록 온갖 소리로 시

그림 11.1. 폼페이 거리. 돌이 깔린 도로로 마차와 수레가 다닌다는 점에 주목하라.

끄럽게 한다는 의미잖아요."

니가노르는 한숨을 내쉬며 한마디 덧붙였다. "좀 조용하고 편하게 쉬려 했더니 엄청 시끄럽겠군. 그래도 문 걸어 잠그고 꽤 여러 시간 누워 있을 수는 있잖소. 그리고 나면 기분이 좀 좋아지겠지." 그렇게 말하며 두 사람은 집 안으로 들어갔다.

12. 파울로스, 브리스길라, 에라스도

파울로스는 안식일을 규칙적으로 지키는 유대인들과 함께 있을 때 외에는 이제 안식일을 규칙적으로 지키지 않았다. 그래서 토요일이 밝았을 때 그는 가죽 공방에서 새 천막에 바느질을 하고 있었다. 브리스길라도 함께였지만 아굴라는 아직 출장 중이었고 아마 아덴을 거쳐 집으로 향하고 있을 터였다.

"소스데네하고 그 소동을 벌였으니 나는 이제 그 회당에서 절대 환영받지 못할 겁니다. 그 사람들은 마음 깊은 곳에서부터 나를 미워할 것이 틀림없지만, 적어도 내가 이 동네에서 쫓겨나는 일은 없겠네요. 이곳에서 주 예수님을 위해서 할 일이 아직 더 있으니 에라스도의 집에서 예배를 드릴 계획을 세웁시다. 그런데 듣자 하니 에라스도가 낙상을 당해 몸이 좋지 않다고 하던데, 정말인가요?"

"네, 맞아요." 브리스길라가 말했다. "재판 앞두고 계신 동안 신경 쓰실까 봐 말씀 안 드렸는데, 이제 재판도 끝났으니 한 번 찾아가서 그분을 위해 기도해야 할 것 같아요."

"네, 그래야겠네요. 우리 모임에서 제일 중요한 후견인이시니, 찾아가 뵙시다. 내가 자기들 일을 모른 척했다고 카밀라가 오해하지 않았으면 좋겠군요. 일주일이 정말 폭풍같이 지나갔으니까요. 내 재판이 잘 끝났다고 아마 더디오가 카밀라에게 전했을 겁니다."

한 시간쯤 더 앉아 천막을 만들고 나서 브리스길라가 말했다.

"파울로스 선생님, 이제 가 보죠. 천막은 나중에 만들어도 되지만, 카밀라와 에라스도는 우리가 힘을 북돋아 주고 기도해 주어야 하잖아요."

"환자에게 바를 기름을 좀 가지고 가야겠어요." 파울로스가 말했다.

파울로스는 작업용 걸상에서 일어나 토가에 붙은 가죽 조각과 부스러기를 털어 낸 뒤 외투를 찾아 입었다. 잠시 후 파울로스와 브리스길라는 피레네 샘을 지나 레카이온 도로에서 오른쪽으로 갈라지는 길로 들어가 아크로코린트 기슭 쪽을 향했다.

샘을 에워싼 상가의 아치 아래 걸려 있는 육류에서 냄새가 풍겨 왔다. 시(市) 유지들은 지혜롭게도 샘 쪽으로만 물길을 내지 않고 상가 뒤편으로도 물길을 뚫어, 상가 그늘 아래 '마르셀룸'(macellum), 즉 육류 시장이 설 수 있게 했다. 개울에서 불어오는 시원한 바람은 육류가 빨리 상하지 않도록 해 주었다. 육류는 대부분 고린도 이곳저곳의 신전에서 제물로 쓰였던 고기로, 비교적 지체 높은 이방인 회심자들 사이에서는 이 육류 때문에 벌써 문제가 생겨나기 시작했다. 에라스도 같은 사람은 아스클레피오스 신전이나 그 외 다른 신전에서 식사를 해도 별 문제가 없다고 본 반면, 그리스보 집안 사람들은 여전히 유대교 풍습을 준수해서, 심지어 에라스도의 집에 모였을 때도 "우상에게 바쳤던 제물"은 먹지 않으려 했다. 파울로스는 이 문제가 그리스도의 몸에 큰 분열을 일으키기 전에 고린도의 가정교회들에게 이에 대해 지침을 주어야겠다고 생각하는 중이었다. 하지만 오늘은 이 문제에 신경 쓸 때가 아니었다. 오늘은 에라스도를 위해 기도하고 안수해 주어야 할 날이었다.

주인의 상태가 좋아지고 있다는 징후가 전혀 없자 에라스도의 집은 분위기가 가라앉으며 일주일 내내 음울했다. 전날 그에게 따뜻한 수프를 좀 먹여 보려는 시도가 있었지만, 결과는 실패였다. 수프가 입으로 들어가자 그는 숨 막혀 했고, 목으로 넘기지 못한 수프는 베개와 이불로 흘러내렸다. 카밀라는 이 일을 입 밖에 내려 하지 않았고 다른 이들에게 이 광경을 보이지 않으려 안간힘을 썼지만, 카밀라 자신도 점점 두려워서 미칠 것 같은 지경이 되어 갔다. 주 예수님이 어떻게 해 주셔야 했다. 그것도 서둘러서…. 에라스도의 팔다리에는 근육이 거의 남아 있지 않았고, 크세르크세스는 낮 동안 그의 몸을 이쪽저쪽으로 굴려 주어서 등에 욕창이 생기지 않게 하라고 조언했다.

니가노르는 토요일에 다시 들르겠다고 카밀라에게 약속한 대로 에라스도의 집으로 향했다. 집에 막 도착했을 무렵, 마침 파울로스와 브리스길라가 안으로 들어가고 있는 것이 보였다. 니가노르는 문을 잡고 있던 유두고를 향해 손을 흔들어 보이며 말했다. "그 문 좀 잠깐 더 잡고 있어요."

집 안은 무거운 분위기가 감돌았다. 하인들은 가능한 한 소리를 내지 않으려 뒤꿈치를 들고 걸어 다녔다. 눈물 흘리며 울부짖는 소리는 없었지만, 어린아이들의 웃음소리도 들리지 않았다. 율리아의 오빠들은 카밀라가 고린도 동쪽의 항구 도시 겐그레아에 있는 뵈뵈 이모에게로 보내서 집에 없었다. 동료 신자인 뵈뵈가 아이들을 잠시 데리고 있기로 한 것이다. 집 안에 들어서는 사람들은 너 나 할 것 없이 모두 불길한 예감을 안고 있었다.

카밀라가 초췌하고 핼쑥해 보이는 얼굴로 에라스도가 누워 있는 침실에서 나왔다. 손님들 앞에서 꼿꼿한 모습을 보이려고 카밀라는 애를 썼다. 파울로스가 다가오자 카밀라는 그를 안으며 반갑게 입맞춤을 한 뒤 브리스길라와 니가노르에게도 똑같이 인사했다.

● 자세히 들여다보기 ●

내세에 대한 그리스-로마 세계의 믿음

고대의 이교 신앙은 영생을 얻으려는, 혹은 기독교적 의미에서 "구원받으려는" 시도와는 거의 혹은 전혀 상관이 없었다. 대다수 고대인이 바라는 '구원'은 질병과 재해와 죽음에서의 구원이었다. '구속'(redemption)이라는 말은 죄에 대한 인격적 속박에서 풀려나는 게 아니라 노예 제도의 속박에서 풀려난다는 아주 세속적인 의미를 가리켰다. 노예가 '구속'을 바라고 어떤 신전에 간다고 할 때 이 노예가 바라는 것은 노예 신분에서의 해방이었다. 어떤 사람이 산에 올라 델피 신전의 제사장에게 신탁을 구한다 할 때, 이 사람이 구한 안전은 먼 곳을 오갈 때 혹시 있을지도 모르는 위험으로부터의 안전, 출산 때 겪을 수도 있는 위험으로부터의 안전, 질병이나 빚에서 벗어나게 해 달라는 것, 혹은 자신을 위협하는 적수(敵手)에게서 구해 달라는 것이었다. 달리 말해, 이교도의 사고방식에서 '구원'이란 언제나 이 세상, 이생에서 일어나는 일, 물질적 이득과 관계된 어떤 일을 가리켰다. 오래전 잉글랜드의 고전학자이자 신학자인 A. D. 녹(A. D. Nock)이 지적했다시피, 이생에 초점을 맞출 때도 대다수 고대인은 '회심' 개념, 즉 인간의 성품이 근본적으로 변화된다는 개념은 믿지 않았다. 물론 치유, 예를 들어 아스클레피오스 신에 의한 치유 같은 것은 있을 수 있었지만, 치유 후에도 어떤 사람이 늘 지녀왔던 성품은 여전할 것이며 그 성품 그대로 살다가 언젠가는 죽을 터였다.

그리스식 영혼 불멸 개념은 일부 사람들만 인정했으며, 이는 인간을 이루는 한 부분의 내재적 불멸성을 가리키는 개념이었다. 이 불멸성은 살아 있을 때나 죽을 때 하나님께서 주시는 선물이 아니었다. 이 불멸성은 신앙적 회심과는 아무 상관이 없었다. 물론 저승, 즉 세상을 떠난 자의 망령이 거하는 곳에 대한 믿음은 있었다. 그런 곳을 하데스(Hades)라고 했는데, 이를 기독교의 지옥(hell) 개념과 혼동해서는 안 된다. 하데스는 그저 죽은 자의 땅을 의미했다. 카론(Charon: 저승의 강 스틱스의 나룻배 사공)은 죽은 자의 입에서 동전을 취했는데, 이는 죽은 자가 스틱스 강이나, 하데스로 흘러들어가는 또 다른 강, 예를 들어 레테 강(Lethe:

> 망각의 여신 레테의 이름을 딴 저승의 강-옮긴이)을 건널 때 뱃삯으로 내라고 가족들이 입에 넣어 둔 돈이었다. 소수의 귀한 사람, 이를테면 전투 중에 죽은 위대한 군사 영웅의 경우, 그런 사람은 단순히 하데스의 어디쯤으로 가는 게 아니라 엘리시움(Elysium), 즉 하데스에서 가장 멋진 구역, 덕망 있고 경건하며 고귀한 이들이 영원히 거하는 곳으로 간다는 믿음이 있었다.

"모두 한꺼번에 들어가 얼굴 보시고, 그런 다음에는 에라스도가 조용히 쉴 수 있게 해야 해요." 카밀라가 말했다. "크세르크세스 말이, 안정 요법보다 더 좋은 건 없다네요."

"제 생각엔 더 좋은 게 있습니다." 파울로스가 입을 열었다. "카밀라 자매님의 허락이 있어야 하기는 하지만, 제가 여기 온 것은 기도만 하기 위해서가 아니라 에라스도에게 기름을 바르고 치유를 위해 안수하기 위해서입니다." 전에 파울로스는 유대인들이 말하는 "표적과 기사"를 행한 적이 있었으며,[16] 에라스도가 레테의 품으로 미끄러져 들어가기 전 지금 또 한 번의 표적과 기사가 필요하다고 분명히 확신하고 있었다.

---

16 로마서 15:18-19을 보라.

카밀라는 고개를 끄덕이며 이렇게 말할 수밖에 없었다. "네, 부디 그렇게 해 주세요." 사실은 파울로스가 하려는 일이 정말 도움이 될지 반신반의했지만 말이다. 그러나 옆에서 듣고 있는 니가노르는 얼굴이 창백해졌다. 좋은 결과가 나오지 않을 경우 이것이 모두에게 얼마나 잔인한 일일지 알았기 때문이다. 회의적인 그의 마음은 이렇게 말하고 있었다. '이 사람은 지푸라기라도 잡고 싶은 사람을 먹잇감으로 삼는 협잡꾼이야. 이제 돈을 요구하는 게 다음 수순이겠지.' 하지만 그런 일은 없었다. 파울로스는 곧장 에라스도의 침상으로 가더니 작은 기름병을 품에서 꺼내, 입을 벌린 채 누워 있는 환자의 이마에 기름을 바르며 기도하기 시작했다.

브리스길라는 파울로스의 뒤에 서서, 마치 힘을 북돋아 주기라도 하는 듯 그의 어깨에 손을 얹었다. 파울로스는 에라스도 위로 몸을 굽히고는 기도하기 시작했다. "사랑하는 주 예수님, 생명의 주요, 생명을 온전케 하시는 분, 위대한 의원, 치유자, 사망을 이기고 부활하신 분이시여, 제가 구하옵나니, 이제 주님의 종 에라스도를 돌아보시옵소서. 이미 죽은 자를 많이 살리시고 죽을병에 걸린 자를 고치신 주님이십니다. 능력은 주님의 것이요 우리 것이 아님을 우리가 아옵나이다. 구하옵나니, 당신의 선한 종이며 신실한 형제 에라스도를 찾아오사 보

12. 파울로스, 브리스길라, 에라스도

살펴 주옵소서. 가족들에게는 에라스도가 있어야 하며, 그리스도인 형제자매에게도 그가 있어야 하며 저에게도 그가 필요하고, 고린도에도 그가 필요합니다. 카밀라와 율리아가 많은 기도를 올렸으되, 모든 진실은 적어도 증인 두 사람의 증언으로 확증되어야 함을 우리가 아오니, 이제 이 증인들 앞에서 그 기도에 응답해 주옵소서. 주님의 귀한 이름, 부활하신 주 예수, 인간의 모든 생명의 주 되신 분의 이름으로 기도합니다, 아멘."

그 기도 후에 일어난 일은 니가노르의 피부에 소름이 돋게 만들었다. 눈앞에서 벌어진 일에 얼마나 충격을 받았는지 니가노르는 온몸을 떨기 시작했다. 이런 일은 한 번도 본 적이 없고, 볼 것이라고 기대해 본 적도 없었다. 니가노르는 당장이라도 이 방에서 도망치고 싶었다. 무언가 강하고 거룩한 존재의 임재를 느꼈기 때문이다.

기도가 끝남과 거의 동시에 에라스도는 눈을 뜨고 파울로스를 쳐다보았다. 두 뺨에 다시 생기가 돌기 시작한 그는 파울로스의 부축을 받아 침대에서 일어나 앉으려 용을 썼다. 율리아의 손을 꽉 쥐고 서 있던 카밀라는 그대로 주저앉아 천장을 올려다보며 말했다. "주 예수께 모든 찬양을 드리오니, 주께서 사랑하시는 자들의 괴로움을 보시고 그들의 부르짖음을 들으셨나이다." 똑같은 말로 감사의 기도를 하는 어린 율리아의 뺨을 타고 굵은 눈물방울이 흘러내렸다. 침대에서 최대한 멀리 떨어져 있으려 저만치에서 벽에 기대 서 있는 니가노르를 올려다보며 율리아가 물었다. "선생님도 이제 저의 주님이신 예수님을 알고 싶지 않으세요?" 하지만 니가노르는 충격에서 벗어나지 못한 채 아무 말이 없었다. 브리스길라는 송영의 노래로 하나님께 영광을 돌리기 시작했고, 카밀라와 방문 밖에서 동정을 살피던 하인들도 목소리를 합했다.

바로 그때, 에라스도가 입을 열어 말했다. "이게 다 무슨 소란입니까? 나는 그냥 잠자고 있었던 것 아닙니까? 내가 죽었다고 생각들 하셨던 모양이군요. 모두들 율리우스 카이사르의 망령이라도 본 것처럼 서 있거나 무릎을 꿇고 있네요? 나는 살아 있습니다. 그것도 아주 건강하게요. 솔직히 말해 배가 몹시 고프기는 하지만…."

카밀라는 얼른 손뼉을 쳐 하인을 부르며 말했다. "마르시아, 수프하고 빵 좀 가져와요. 그리고 주인님이 원하시는 것은 뭐든지." 한편 파울로스는 함박웃음이 피어난 얼굴로 몸을 일으키며 그저 중얼거렸다. "솔리 데오 글로리아"(Soli deo gloria).

그 말을 듣고 니가노르에게 가장 먼저 떠오른 생각은, '자, 저 사람이 협잡꾼에다 장사치일 거라는 생각은 이제 지워 버려.'였다. 니가노르는 현기증으로 비틀거리며 방을 빠져나왔

12. 파울로스, 브리스길라, 에라스도

다. 방금 무슨 일이 일어난 것인지 생각해 보려 애쓰며 살며시 방문을 닫는데 카밀라가 니가노르를 부르며 말했다. "가지 말고 점심 함께 들면서 자네도 같이 축하해야지. 저이가 자네에게 할 말이 아주 많을 텐데…."

"네, 마님." 니가노르는 대답했다. "그런데 지금 당장은 물 섞지 않은 포도주를 커다란 잔으로 한 잔 마셔야겠습니다." 유두고가 웃음을 터뜨리며 말했다. "곧 대령하지요. 하지만 방금 복음의 새 포도주, 생명의 포도주, 주 예수 안에 풍성한 생명의 포도주에 취했잖아요. 그 포도주가 훨씬 도움이 될 텐데요." 니가노르가 인생을 새 방향으로 틀어가고 있다고 생각한 바로 그 순간 이런 일이 일어나야 했다니! 그는 훨씬 더 많은 것을 재고해야 할 것 같았다.

13. 디에스 솔리스(Dies Solis)
태양(Sun)/아들(Son)의 날 아침

 디에스 솔리스, 즉 일요일이 동터 올 무렵, 에라스도 집안은 이미 활기차게 움직이고 있었다. 집안의 주인은 상태가 호전되고 있었고, 집안사람들의 발걸음에는 탄력이 있었다. 하인들은 전보다 기운찼고, 카밀라도 기분이 더 좋았으며, 어린 율리아는 마침내 전과 다름없는 쾌활한 아이로 돌아갔다. 예수를 따르는 이들의 모임은 오후 다섯 시, 혹은 일몰 무렵, 일꾼들과 노예들이 그날 일을 다 마친 직후 시작될 예정이었다. 다른 가정교회 사람들도 조금 늦게 이곳에 도착하기로 되어 있었다. 칠십 명 정도가 모일 것으로 예상하고 있는 카밀라는 이렇게 많은 인원이 어디에서 식사를 해야 할까 고심이었다. 트리클리니움에 비치된 안락의자에 손님들을 앉힌다 해도 스무 명

이상은 수용할 수 없었기 때문이다. 카밀라는 몇몇 손님은 아트리움에 서 있어야 할 것이라 생각했지만, 2월의 저녁 날씨는 쌀쌀할지도 몰랐다. 그러나 적어도 비는 오지 않았다. 사실 이 날 아침은 에라스도가 건강을 되찾은 것을 축하하기라도 하듯 태양도 밝게 빛났다.

예배 자체는 서너 시간 걸릴 터였다. 식사 순서가 있을 것이고, 식사를 전후로 성찬식이 있을 것이고, 파울로스의 강설, 증언 시간, 찬송, 기도, 예언과 방언 순서가 있을 터였다. 카밀라는 손님들이 밤늦게까지 돌아가지 않을 것으로 보았고, 그래서 혹 에라스도에게 무리가 가지 않을까 걱정이었다. 그는 아직 허약한 상태였고 지난 한 주간 동안 몸무게가 상당히 줄었기 때문이다. 그때 갑자기 카밀라의 이름을 부르는 소리가 들렸다.

"카밀라, 무언가 기억이 났소." 에라스도는 카밀라가 서 있는 타블리눔으로 천천히 걸어오며 말했다. 그날 정확히 무슨 일이 있었느냐고 누구도 에라스도에게 캐묻지 않았다. 카밀라는 시간이 흐르면 에라스도가 점차 그날 기억을 되찾을 것이라 생각하고 있었다.

"뭐가 기억났는데요, 여보?" 카밀라는 두 팔을 벌려 남편을 감싸 안으며 물었다.

"난 분명 넘어지지 않았어요, 카밀라. 둔탁한 물건으로 머리를 얻어맞은 거요, 몽둥이 같은 걸로. 그러고는 바닥으로 쓰러져 정신을 잃기 전에 어떤 얼굴을 봤지. 전에 몇 번 봤던 얼굴이었소."

카밀라는 숨을 훅 들이마시며 물었다. "누군데요?"

"기억이 또렷해요. 머릿속에 지금도 선명히 떠올라. 그 못생기고 덩치 큰, 아이밀리아누스의 심복 메르쿠리 말이오."

"확실해야 해요. 당신도 알겠지만, 이건 법으로 해결해야 할 문제일 수도 있어요. 얼굴을 알고 있는 건 위험해요. 누군가가 당신을 인정사정없이 후려치고 싶어 했어요. 영원히는 아니더라도 오랫동안 사람 구실을 못하게 만들 만큼 말이에요!"

"알고 있소. 하지만 이 점에 관해서는 기억이 선명해요. 저들이 계산하지 못한 게 한 가지 있는데, 우리 친구 파울로스의 손을 통해 기적이 일어난다는 사실이지."

"저한테 한 가지 생각이 있어요. 여기 앉아 보세요. 필요할 경우 나중에 이 기억을 비장의 카드로 쓰세요. 하지만 니가노르에게는 말해 두어야 할 거예요."

"왜? 이 일이 니가노르와 무슨 상관인데? 그는 이 일과 연관이 있을 리가 없는데."

"노예들이, 특히 아고라에서 다른 노예들을 만나서 무슨 이야기들을 하는지 당신도 알잖아요. 니가노르가 아이밀리아누스에게 엄청난 제안을 받았다는 소문이 돈대요. 무언가를 해 주는 대가로 말이죠. 니가노르의 섬김과 충성을 잃지 않기 위해 우리가 할 수 있는 일을 해야 해요. 당신이 그자의 얼굴을 알고 있다는 것은 니가노르에게 아주 중요한 정보가 될 거예요. 만약 그가 목숨이 왔다 갔다 하는 문제로 이러지도 저러지도 못하고 있는 상황이라면 말이에요. 아이밀리아누스가 얼마나 더러운 인간인지 알기에, 선거에서 이길 수 있도록 자기를 도와 달라고 니가노르를 매수하려 했다 해도 난 놀라지 않을 거예요. 어쩌면 우리의 약점 같은 걸 파고드는 방법으로 말이지요."

"그 약점이란 게 뭐란 말이오?" 에라스도는 미심쩍은 얼굴로 물었다.

"여보, 당신 정말 그 머릿속 거미줄을 털어 내야겠어요. 오늘밤 이 집에서 무슨 모임이 있을 예정이죠? 합법적, 혹은 정당한 신앙 모임인가요? 로마가 그렇다고 인정한?"

수사적 효과를 노린 이런 질문에 에라스도는 어안이 벙벙해 말을 잃었다. 번개라도 맞은 것처럼, 아니 더 좋게 표현해 갑자기 눈앞에 빛이 밝아 온 것처럼. 잠시 후 그는 나지막한 소리로 말했다. "카밀라, 당신은 나이 이상으로 지혜롭구려. 당신 말이 맞아요. 특히 내가 조영관 직에 출마하려고 하는 이 시점에서는 더욱 그렇지. 뒤만 돌아볼 게 아니라 친구들을 가까이 끌어모아야 하고, 신뢰할 만한 사람이 누구인지도 알아야겠지. 오늘 저녁에 니가노르와 이야기를 해야겠소. 어젯밤 돌아가면서 하는 말이, 이 파울로스라는 사람에 대해 좀 더 알아야겠다고 하더군. 내가 깨어난 것을 보고 아마 단단히 충격을 받은 모양이오."

● 자세히 들여다보기 ●

노예 제도와 집안사람들 간의 도리

바울이 골로새서 3-4장, 에베소서 5-6장, 빌레몬서, 고린도전서 7장에서 한 집에 사는 사람들 간의 도리에 대해 말하면서 언급한 종은 집에서 부리는 하인과 농사짓는 노예를 의미했다. 이들은 로마 제국이 광산(鑛山)으로 보낸 노예들과는 달랐다. 대체적으로 집에서 부리는 노예는 그렇지 않은 노예들과 대우가 달랐다. 하지만 고린도전서 7:21-22과 빌레몬서에서 분명히 알 수 있다시피, 바울은 가능한 한 노예를 풀어 주는 것에 대찬성이다. 실제로 빌레몬서에서 바울은 오네시모를 노예 신분에서 풀어 줄 것을 요구할 뿐만 아니라, 어떤 사람이 그리스도 안에서 형제라면 그 사람은 이제 노예가 아님을 넌지시 언급한다. 이어서 바울은 그리스도인이 자기 자신을 노예로 팔아넘기는 것도 반대한다. 자청하여 노예가 되는 이런 일이 통상적으로 벌어진 이유는, 노예가 되면 적어도 의식주가 보장되는 반면 가난한 자유민에게는 그런 안전장치가 없었기 때문이다.

그런 이유로 바울은 고린도전서 7장에서, 종이 아닌 사람은 종이 되려고 하지 말고 "그대로 거하라"라고 한다. 〈그림 13.1〉은 고린도에서 볼 수 있었던 노예의 외양을 보여 주며, 노예들은 특유의 머리 모양과 복장을 함으로써 사람들 틈에 있을 때 노예인 줄 알아볼 수 있게 하고 일반 시민들과 구별되게 하는 경향이 있었음을 알려 준다. 역설적인 점은, 자유를 획득한 노예는 로마 시민권 또한 얻을 수 있으며 거의 하룻밤 사이에 수치스러운 신분에서 영예로운 신분으로 탈바꿈할 수 있다는 것이 로마법, 특히 로마 식민 도시에서의 로마법이었다는 것이다. 니가노르가 바로 그런 경우였다.

집안사람들 간의 도리에 관한 바울의 가르침을 면밀히 검토해 보면, 복음이라는 누룩을 그리스도인의 집안과 가정교회 집회라는 구조에 집어넣어, 특유의 방식으로 작용하게 하는 것이 노예제도를 대하는 바울의 전략임을 알 수 있다. 바울은 주인이 우선 그리스도인답게 행동해야 한다고 주장하고 있으며, 이는 곧 주인이 종을 대하는 방식에 온갖 제약이 있다는 의미였다. 실제로 노예라도 인격체로 대우해야 하며, 때에 따라서는 동료 그리스도인으로 대해야 한다. 마찬가지로 바울은 노예들이 그리스도인다운 태도로 주인과 관계 맺기를 기대한다. 바울의 가르침에 담긴 논리적 의미를 실천하는 주인이라면, 궁극적으로는 노예를 풀어 주는 것이 결국 그리스도인다운 방식으로 노예를 대하는 태도라고 결론 내릴 수밖에 없을 터였다.

그림 13.1. 주인의 시중을 들고 있는 하인(이스탄불 고고학 박물관).

그 시간, 니가노르와 그의 새 동거인 크라쿠스는 길거리와 오데온이 내려다보이는 작은 발코니에서 이집트 과일과 갓 구운 빵으로 아침 식사를 즐기고 있었다. 전날 저녁 니가노르는

13. 디에스 솔리스(Dies Solis)

에라스도의 집에서 목격한 일로 충격을 받았다. 그리고 이제 이 아침의 선명한 빛을 받으며 그는 자문하고 있었다. 어제 그 일이 진짜였을까? 하지만 누군가가 찾아오는 바람에 그는 깊은 생각에서 깨어났다. 문을 두드리는 사람은 니가노르의 친구 유두고였다.

계단을 내려가 출입문으로 향하면서 니가노르는 고개를 갸우뚱했다. 무슨 일일까? 저녁에 만찬을 하러 가겠다고 했는데, 이 시간에 왜?

"니가노르님, 에라스도 나리께서 급히 의논할 일이 있다고 하십니다. 니가노르님이 아셔야 할 일이 있나 봅니다." 니가노르는 고개를 끄덕이며 말했다. "곧 가겠네." 다시 집 안으로 들어온 니가노르는 계단을 올려다보며 크라쿠스에게 큰 소리로 말했다. "잠깐 쉬고 있어요. 금방 옵니다. 갔다 와서 함께 갈 곳이 있어요. 타베르나에 가서 거기 사업도 보여 줄게요." 크라쿠스가 천둥처럼 우렁찬 소리로 대답했다. "알겠어요. 그럼 여기 남은 건 다 내 몫이네요!" 니가노르는 빙긋 웃었다. 크라쿠스가 아무래도 자기 재산을 거덜 낼지 모르겠다는 생각을 하면서….

니가노르는 서둘러 거리로 내려가 레카이온 도로 왼쪽 길로 접어들었다. 노예 시장이 벌써 문을 열었는지 멀리서 경매사들의 목소리가 들려왔다. 노예가 하나둘 팔려 나가고, 가족이 헤어지고, 마음이 찢어지고, 누군가는 돈을 번다. "그 애는 내 아이예요." "제발 나를 아내에게서 떼어놓지 마세요. 아내는 임신 중입니다." 이런 고함 소리도 이따금 들렸다. 그런 외침 소리들을 들으니 과거 노예 시절이 떠올랐다. 그냥 현재를 즐기고 살면서 아이밀리아누스의 제안을 받아들여서는 안 되는 것인가 하는 생각도 들었다. 오늘이 결단의 날이었다. 하지만 그는 여전히 이 일에 확신이 없는 상태였다. 세상은 어둡고 추한 곳일 수 있고, 노예 제도는 그 세상의 좀 더 추악한 단면이었다. 과거에 자신이 에라스도에게 노예로 팔렸고 그래서 아버지와 헤어지게 되었던 일을 그저 잊어야 할까? 새로 밝혀진 일에 대해 이야기를 들으려고 에라스도의 집으로 걸음을 재촉하면서 니가노르의 머리에 가장 먼저 떠오른 것은 바로 그런 생각들이었다.

햇살 좋은 이 상쾌한 날 아침, 뜻밖에도 에라스도가 직접 문을 열어 주러 나왔다. 그래서 니가노르는 인정하지 않을 수 없었다. 이 광경이 바로 어젯밤 일어난 기적의 명백한 증거임을…. 에라스도는 니가노르를 집 안으로 맞아들이지 않고, 니가노르 쪽으로 다가오며 이렇게 말했다. "후원을 좀 걸어 볼까. 은밀히 할 이야기가 있거든. 낮말은 새가 듣고 밤말은 쥐가 듣

13. 디에스 솔리스(Dies Solis)

는다지 않는가."

산책을 시작하자 에라스도의 말투가 진지해졌다. "니가노르, 자네는 내 친구이고, 사실은 우리 집 식구나 다름없지. 아주 오래전부터 말이야. 그래서 내가 이제부터 자네에게 좀 위험한 정보를 털어놓으려 하네." 니가노르는 놀란 눈으로 에라스도를 쳐다보았다.

"도수관 근처에서 있었던 일이 이제 분명히 기억나네. 그건 사고가 아니었어. 나는 둔탁한 물건으로 머리를 얻어맞았지. 바닥으로 쓰러지면서 나에게 그런 짓을 한 자를 봤다네. 전에 레슬링 선수였다던 그 덩치 크고 못생긴 녀석 기억하나? 아이밀리아누스 밑에서 일하는?"

"메르쿠리 말씀이십니까?" 니가노르가 물었다.

"맞아, 메르쿠리. 그자였어, 몽둥이를 들고 있는 자가. 맹세할 수 있다네. 하나님이 내 증인이시고, 내 명예를 걸고 하는 말이네."

사실이면 어쩌나 하고 니가노르가 두려워하던 일이 사실로 밝혀졌다. 아이밀리아누스는 더러운 술수 중에서도 가장 더러운 술수와 얽혀 있었고, 어젯밤 일어난 그 치유의 기적이 아니었다면 그는 그 무서운 짓을 저지르고도 아무 일 없는 듯 살아갔을 터였다.

"자네한테 한 가지 물어야겠네, 니가노르. 자네 인생은 물론 자네 것이지만, 하인들이 하는 말이 아이밀리아누스가 자네에게 무언가 엄청난 제안을 했다고 하던데, 사실인가?"

니가노르는 고개를 푹 숙인 채 끄덕였다. "네, 사실입니다. 저를 자기 양자로 삼아 재산을 물려받게 해 주겠다고까지 했습니다. 제 생각에 그는 후계자를 찾으려고 정말 안간힘을 쓰는 것 같습니다. 이제 나이가 거의 오십이 다 됐으니까요. 오늘 그 제안에 답변을 해야 합니다."

"그래서 뭐라고 대답할 작정인가?"

니가노르는 바닥을 내려다보며 잠시 뜸을 들이다가 이윽고 입을 열었다. "지금 밝혀진 이 사실에 비춰 볼 때, 유일하게 영예로운 답변은 거절하는 것뿐입니다. 하지만 그 후에 어떤 일이 벌어질지 불을 보듯 뻔합니다. 아이밀리아누스는 불같이 화를 낼 것이고, 보복 작전을 가동하겠지요. 그래서 방금 힘깨나 쓰는 사람을 하나 고용했습니다. 크라쿠스라고, 전직 검투사입니다."

"현명한 조치군. 하지만 내게 좋은 생각이 하나 있네. 이따가 아이밀리아누스를 만나러 갈 때,…" 에라스도는 니가노르의 귀에 대고 무언가를 속삭였고, 니가노르는 빙긋이 미소를 지었다. 잘 알겠다면서 돌아가려는 니가노르를 향해 에라스도가 덧붙였다. "조금 전만 해도 이 말은 안 하려고 했네만, 카밀라의 지지로, 나는 자네에게도 유산을 남길 생각이라네. 물론 내 아내와 아이들을 우선할 것이지만…. 주변에 골고루 나눠서 모두들 장래 걱정 없이 살아가게 할 수 있을 만큼은 되니까. 나는 이제부터 우리가 후견인과 피후견인 관계가 아니라, 친구, 진짜 친구가 되었으면 하네. 사실 자네가 그리스도 안에서 내 형제가 되었으면 하는 것이 내 기도이기는 하지만, 그 이야기는 훗날 또 하기로 하세."

니가노르는 이 말에 어떻게 대답을 해야 할지 몰랐다. 그러고는 잠깐이지만 에라스도를 나쁘게 생각했던 것에 대해, 아이밀리아누스가 쳐 놓은 거미줄에 걸려들어 버릴까 하는 마음을 품었던 것에 대해 자기 자신을 호되게 꾸짖었다. 그래서 니가노르는 이렇게만 말했다. "감사합니다. 진심으로요. 주인님과의 관계가 어떻게 발전할지 기대됩니다. 이제 가 봐야 해요."

에라스도는 빌라 옆을 돌아 잰걸음으로 길을 따라 내려가는 니가노르를 바라보면서 혼잣말을 했다. "사람 정말 진국이야. 율리아와 카밀라가 좋아할 만하지."

14. 태양의 날 오후

니가노르는 오후 늦게까지 기다렸다가 아이밀리아누스의 집으로 가기로 마음을 정했다. 한 가지 이유는, 아이밀리아누스의 집이 에라스도의 집에서 멀지 않아서, 필요할 경우 재빨리 언덕 위 에라스도의 집으로 도망칠 수 있었기 때문이다. 그리고 또 한 가지 이유는, 고르디아누스와 크라쿠스가 하루 종일 자신을 따라다니게 하고 싶지 않았기 때문이다. 니가노르는 두 사람에게 '건들면 다치는 형제'(the bruise brothers)라는 별명을 붙여 주었다. 사실을 말하자면, 고르디아누스는 누구를 해칠 사람이 아니었지만 말이다. 하지만 크라쿠스는 이야기가 달랐다. 사람을 외모로 판단해서는 안 된다.

니가노르는 아파트로 다시 가서 크라쿠스를 데리고 나온

뒤, 함께 가게로 가서 고르디아누스까지 데리고 나왔다. 세 사람은 이제 이스트미아에 있는 니가노르의 타베르나로 향했다. 세 사람이 함께 길을 가는 광경은 좀 우스꽝스러워 보였다. 그 두 사람 사이에 서면 난쟁이가 되는 니가노르는 마치 큰 형들에게 보호받는 어린아이처럼 보였다.

길을 가는 동안, 항구에서 고린도로 들어오는 수많은 길손들이 세 사람을 지나쳐 갔다. 중간쯤에서는 마차에 탄 일행을 만났는데, 마차는 최근 내린 비 때문에 홈이 파인 도로에 바퀴가 빠져 움직이지 않고 있었다. 이를 본 크라쿠스가 고르디아누스를 향해 말했다. "고르디아누스, 우리가 도와줍시다." 니가노르는 한 젊은 숙녀가 마차에서 내리는 것을 돕는 역할을 맡았다. 여자는 진홍색 망토를 머리끝까지 뒤집어쓰고 있어서 생김새를 전혀 알 수가 없었다. 하지만 고개를 들어 니가노르와 눈이 마주쳤을 때 여자가 보여 준 미소에 니가노르는 숨이 멎을 뻔했다. "정말 감사합니다." 여자의 목소리는 차분했다. "제가 데리고 온 노예들은 저를 이 도랑에서 끌어내 주지 못하더군요. 저는 알렉시아입니다. 귀하께서는?"

"저는 니가노르라고 합니다. 어디로 가시는 길인지 여쭤도 될까요?"

"되고말고요. 언니 부부를 만나러 고린도로 가는 길입니다.

혹시 아실는지 모르겠지만, 카밀라와 에라스도 부부입니다."

"제가 아는 분들입니다." 니가노르는 거의 환호에 가깝게 소리를 질렀다. "제가 에라스도 나리의 노예였거든요. 지금은 나리와 친구로 지내면서 사업상 이익을 함께 나누고 있지요. 얼마 전에 나리가 계획 중이신 공공건물 건축에 쓰일 대리석을 사러 로마에 갔다 돌아왔습니다. 나리는 조영관 선거에 나갈 작정이시거든요. 사실은 오늘 밤 그 댁에 가서 만찬을 하고, '모임'도 가질 예정입니다."

"훌륭하시네요. 그러면 언니 집에서 좀 더 교제 나눌 수 있겠군요." 두 사람의 대화가 여기까지 이르렀을 때, '건들면 다치는 형제'는 지렛대와 완력을 이용해 마차의 오른쪽 뒷바퀴를 마침내 진흙 도랑에서 빼냈다. 크라쿠스가 한 손으로 마차 후미를 들어 올려 차체를 다시 도로로 올려놓음으로써 마무리를 하자, 고르디아누스는 그의 힘에 찬탄을 하면서 니가노르를 향해 말했다. "저 사람 먹여 살리는 거 보통 일이 아니겠는데요."

마차 일행과 헤어져 타베르나로 가는 동안 니가노르는 알렉시아의 사랑스러운 얼굴과 목소리 외에는 다른 생각을 할 수가 없었다. 이십 분쯤 후 세 사람은 콕 크로(Cock Crow)에 도착했고, 니가노르는 그제야 퍼뜩 정신이 들었다. "크라쿠스, 누추하지만 여기가 내 사업장이오. 이층에 방이 하나 있으니 가게에 늦게까지 있는 날에는 밤에 그 방을 쓰도록 해요. 모든 일이 잘 해결되어야 하고 당신이 계속 여기 머물러 주기로 결정해야 하기는 하지만, 내 꿈은 당신이 내 후배 동업자가 되고 언젠가는 공동 소유자가 되는 거예요. 필요한 서류는 나중에 작성하고요. 나는 당신이 여기서 질서를 유지해 주는 사람으로만 있기를 바라지 않아요. 검투사 학교든 어디든 접촉해서 사업을 확장해 주었으면 해요. 이 가게에서는 제대로 된 음식도 팔고 있고, 포도주도 비록 최상급은 아니지만 그렇다고 해서 하급도 아닌 걸로 제공하지요. 매춘부와 매춘은 허락하지 않고, 그 외에는 누구든 환영합니다. 검투사 학교에서 당신 동료 권투 선수에게 들으니 당신이 숫자에 밝다더군요. 그래서 물건 주문하는 일을 당신이 맡아 주었으면 해요. 재고가 얼마쯤 있을 때 주문해야 하는지, 수량은 어느 정도인지 다 알아서 말이지요. 물론 항구가 바로 저 언덕 너머에 있으니, 거래는 거기 가서 선주(船主)와 하면 됩니다. 그리고 사실 항구에 간판도 하나 달아야 해요. 사람들이 이쪽으로 오도록 말이지요. 광고만 조금 한다면, 오다가다 잠시 들를 뿐이라 해도 단골손님을 확보하게 될 겁니다."

이 짤막한 연설이 끝날 무렵이 되자 크라쿠스는 환하게 웃고 있었다. 니가노르는 여러 해 동안 자신을 위해 일해 온 고르디아누스가 옆에서 이 말을 들으며 지금 어떤 생각을 하고 있을지 알고 있었다. 그래서 이번에는 고르디아누스를 향해 말했다. "고르디아누스, 자네도 궁금할 텐데, 자네에게도 똑같은 제안을 하고자 하네. 언젠가는 완전한 동업자가 되어서 시내에서 우리 가게를 운영하자고 말일세. 서류도 그렇게 만들고. 자네는 이미 기술도 좋고 우리 사업을 키울 수 있는 좋은 아이디어도 있지. 고린도 시가 점점 성장하고 있으니 건축용 석재 수요도 더 많아질 수밖에 없어. 그래서 레카이움에 있는 오래된 채석장에 가서 현황을 살피는 일을 자네에게 위임하겠네. 버려진 것처럼 보이긴 하지만, 누가 아직 그 채석장을 소유하고 있는지, 캐낼 만한 돌이 아직 충분한지 알아보고 오게. 그런 다음 소유자에게 매매 제안을 넣자고."

고르디아누스와 크라쿠스는 알 수 있었다. 니가노르가 지금까지 이런 일에 대해 아무 언급도 안 했지만, 지난 얼마 동안 줄곧 이 일에 대해 생각해 왔고, 지혜롭게 계획해 왔다는 것을…. "크라쿠스의 생각은 어떤지 모르겠지만, 저는 기쁘게 이 제안을 받아들이겠습니다." 고르디아누스가 말했다. 크라쿠스도 거들었다. "저도요."

니가노르는 두 거인을 쳐다보며 대답했다. "좋아, 이제 안으로 들어가서 최상급 포도주를 찾아보자고. 한 단지 정도는 있겠지. 이 계획을 위해 건배를 해야겠어. 계획이 확정될 때마다 포도주 한잔하는 게 난 좋더군." 세 사람은 그 뒤 한 시간 동안 포도주를 마시며 미래에 관해 이야기를 나눴다. 오후 세 시 무렵이 되자 해가 저물기 시작했다. 이제 니가노르가 뒤로 미루며 두려워하던 일, 아니, 그보다 아예 피해 버리고 싶은 일을 해야 할 시간이었다. "갈 시간이오, 제군들." 니가노르가 말했다. "가서 아이밀리아누스를 만나야 해요. 두 사람이 함께 가주어서 얼마나 감사한지 말로 다 할 수 없군요. 설마 저들이 그 자리에서 무슨 일을 벌일까 싶기는 하지만, 그래도 경계를 늦추지 말고 잘 지켜봐야 할 겁니다."

세 사람은 고린도 시내로 다시 들어가 마르쿠스 아이밀리아누스의 집이 있는 서쪽으로 방향을 잡았다. 하지만 사람들과 마차와 말과 수레로 도로가 막혀서 걸음은 더뎠다. 삼십 분쯤 길을 가던 중 크라쿠스가 물었다. "아이밀리아누스는 당신이 올 거라고 생각할까요?"

"당연하지요. 하지만 두 분 같은 사람이 함께 올 것은 예상하지 못할 거요. 예상 못하는 쪽이 더 낫고. 예상 못한 상황이 도움이 되기를 바라야지."

아이밀리아누스는 거의 하루 종일 서기와 함께 앉아 편지를 읽고 답장을 쓰거나 서류를 처리했다. 아이밀리아누스만큼 부자인 사람은 할 일도 많고, 자신이 투자한 일들을 다 살피며 신경 쓰기가 힘들었다. 운 좋게도 그의 서기는 탁월한 회계사이기도 했다. 하지만 아이밀리아누스는 니가노르가 이날 왜 좀 더 일찍 오지 않는지 궁금히 여기고 있었다. 자신이 제안한 거래를 수락하고 싶기는 한 건지 특히 더 궁금했다. 그러던 중 마침내 문을 두드리는 소리가 들렸고, 아이밀리아누스의 몸종 푸블리우스가 나가서 문을 열어 주었다. 푸블리우스가 작은 몸집으로 문을 빼꼼 열자 크라쿠스가 그 문을 활짝 열어젖히며 방으로 들어왔고, 이어서 니가노르가 들어오고 고르디아누스가 그의 뒤를 따랐다. 아이밀리아누스로서는 완전히 허를 찔린 상황이었다. 늘 그랬던 대로 아이밀리아누스는 일요일이 저물 무렵이 되자 하인들에게 쉬는 시간을 허락했고, 그래서 이 시간 집 안에는 푸블리우스와 아이밀리아누스, 그리고 그의 아내 그라티아 외에는 아무도 없었다.

"이게 다 뭔가, 니가노르? 우리는 친구 아닌가?" 아이밀리아누스는 자리에서 일어나 니가노르에게 손을 내밀며 물었다. 하지만 니가노르는 그의 손을 잡지 않았다. 그 대신 이렇게 말했다. "나리의 제안을 받아들이지 않기로 결정했습니다. 매우 관대한 제안이기는 하지만 말입니다. 그리고 이 결정으로 저는 대가를 치를 것이 분명하다고 생각했습니다."

니가노르의 그 말에 아이밀리아누스는 얼굴이 벌게졌다. "아주 잘 알고 있구먼. 내 제안을 거절하고는 누구도 무사하지 못하지."

"하지만 아이밀리아누스, 이번에는 그 암묵적 협박을 재고해야 할 겁니다." 니가노르가 냉랭하게 말했다. "내가 다른 소식도 가지고 왔으니까요. 에라스도가 살아 있습니다, 아주 건강하게!" 니가노르는 그 순간 아이밀리아누스의 얼굴에 놀라움이 스쳐 지나가는 것을 보았다.

틈을 주지 않고 니가노르는 덧붙였다. "더 중요한 것은, 자기 머리를 후려갈긴 자가 나리의 수하 메르쿠리라는 것을 에라스도가 알고 있다는 겁니다. 당신이 그 더러운 일을 지시했습니다. 선량한 사람을 경쟁 상대로 보고 없애 버리려 한 자가 바로 당신이란 말입니다. 조영관 자리까지 거칠 것 없이 가려고 음모를 꾸민 자가 당신입니다. 내가 여기 온 것은, 에라스도와 나를 향한 그 모든 적대 행위를 당장 그만두지 않는다면, 에라스도가 언제라도 갈리오에게 가서 당신 일을 보고하리라는 것을 알리기 위해서입니다. 이미 에라스도는 변호사와 상의했고, 당신을 폭력 행위로 고소할 서류도 작성했습니다. 당신의 그 더러운 얼굴을 에라스도나 내가 있는 쪽으로 돌리기만 해도 에라스도는 갈리오에게 그 고소장을 넘길 겁니다. 내 말 알아들었습니까?" 이야기가 진행될수록 니가노르는 목소리가 점점 커졌다. 든든한 동행도 있고 포도주의 취기까지 더해져 대담해진 그는 하고 싶은 말을 다 했다. 아니, 하고 싶은 말 이상을 했다.

"알겠네, 잘 알아들었어." 니가노르의 기세에 눌린 아이밀리아누스가 말했다. 아무리 황제의 인척이라 해도 소송에 져서 공개적으로 수치를 당하면 사업에도 안 좋고 집안의 명예도 훼손되리라는 것을 그는 알고 있었다. 그리고 그가 눈치챈 것이 또 한 가지 있었다. 니가노르는 아이밀리아누스가 조영관 선거에 나서는 것을 누구든 막으려 할 것이라는 말은 하지 않았다. 약삭빠른 아이밀리아누스는 이렇게 생각했다. '아직 시간이 있으니 조영관 회의(aedile council) 의원 몇 사람만 잘 골라 매수하면 에라스도를 이길 수 있을 거야.' 그런데 그가 알지 못하는 게 한 가지 있었는데, 그것은 에라스도가 이미 거기까지 예상을 하고 조영관 회의에서 일하는 절친한 친구 옥타비아누스에게 이 부분을 잘 감시하라고 일러두었다는 점이었다. 유비무환이었다.

"더 훌륭한 사람이 조영관이 되어야지." 아이밀리아누스가 말했다.

"그 말씀에는 그저 동의할 뿐이라고 해야겠네요." 그 말과 함께 니가노르는 몸을 돌이켜 고르디아누스를 따라 방에서 나왔다. 크라쿠스가 성큼성큼 그의 뒤를 따랐다.

"신사 여러분, 저 사람은 무슨 짓이든 할 수 있는 사람입니다. 그래서 말인데, 앞으로 두 사람 다 경계를 늦추지 말고 몸조심을 해야 합니다. 이제 내 동업자들이신데 건강하게 장수해야지요."

"대장님도 그러셔야죠." 고르디아누스가 말했다. "니가노르 님, 우리 둘 중 한 사람이 에라스도 나리 댁까지 함께 갔다가 집에도 같이 가는 게 낫지 않겠어요? 솔직히 저자들이 대장님을 얕볼까 봐…."

"그래, 자네 말이 맞아." 니가노르가 말했다. "고르디아누스, 자네는 집으로 가서 가족들 곁에 있게. 크라쿠스, 괜찮다면 나와 동행해 주면 좋겠군요. 시간이 좀 걸리긴 할 테지만, 카밀라 마님이 반갑게 맞아 식사도 대접해 줄 테고 오늘 밤 잔치도 즐기게 해 줄 겁니다. 종교 모임이 별로 체질에 안 맞으면 그냥 정원이나 집 앞에서 기다리다가 집에 갈 때 나와 함께 가면 돼요. 괜찮겠어요?" 니가노르의 말대로 고르디아누스는 거기서 헤어져 집으로 향했고, 니가노르와 크라쿠스는 에라스도의 빌라로 걸음을 옮겼다. 생각해 보니 두 사람 모두 배가 몹시 고팠다.

15. 그날 하루의 끝

니가노르가 에라스도의 집에 도착했을 때 가장 먼저 눈에 띈 것은 특별한 연회나 결혼식이라도 있는 것처럼 온 집 안이 꽃 줄로 장식되어 있다는 것이었다. 카밀라는 남편이 회복된 것을 축하하고 싶었고, 그래서 정성을 다해 축하 분위기를 돋우기로 했다. 집 안에는 벌써 삼십 명가량이 도착해서 임플루비움과 아트리움, 그리고 집 한가운데 있는 안뜰 주변을 삼삼오오 돌아다니고 있었다. 안뜰 기둥에는 횃불이 설치되었고, 사람들은 수입산 루크리누스 굴과 팔레르노산 포도주를 포함해 갖가지 화려한 전채 요리를 즐기고 있었다. 크라쿠스는 이 광경을 보고 한마디 했다. "대장님 친구들은 파티가 뭔지를 제대로 보여 주는군요."

여섯 시쯤 되자 초대 손님 예순다섯 명이 마침내 다 도착했고, 그중에는 카밀라의 여동생 알렉시아도 있었다. 흘러내리는 듯한 느낌의 짙푸른색 긴 가운 차림의 알렉시아는 횃불의 불꽃이 온 얼굴에 명멸하고 있어 정말 할 말을 잃게 할 만큼 아름다웠다.

손님들이 일단 다 모이자, 약간 짙은 자주색으로 가장자리를 두른 제일 멋진 토가를 골라 입고 나온 에라스도가 파울로스에게 아트리움 한가운데로 나가 이 저녁 모임을 위해 축복 기도를 해 달라고 요청했다. 공기는 신선하고 시원했으며, 니가노르가 고개를 들어 올려다보니 밤하늘엔 별이 총총 박혀 있고 오렌지색 달이 둥실 떠오르고 있었다. 내일은 달의 날, 월요일이었고 실제로 보름달이 뜨는 날이었다.

파울로스는 변변찮은 모직 외투를 입고 있었는데, 이는 유대의 온화한 기후에서 성장한 이 강단 있는 사람의 상징과도 같은 겨울 복장이었다. 그는 꼿꼿이 서서, 힘 있는 목소리로, 약간 억양이 있는 그리스어로 기도했다. "지존하신 하나님, 주 예수 그리스도, 성령님, 이 자리에 임재해 주시기를 우리가 간구하며, 이곳에 있는 모든 이들을 주님의 임재로 충만케 해 주시기를 바랍니다. 이 저녁 우리가 말씀을 통해, 그리고 떡을 떼며 주님의 상에 함께 참여하고 노래와 찬미로 당신을 예배할 때, 특히 이 모임을 위해 자기 집을 개방한 이 선한 사람 에라스도의 회복을 기뻐하옵니다. 이곳에 준비된 음식에 복을 주사 우리에게 유익이 되게 하시고 또 우리에게 복을 주사 주님을 섬기게 하소서. 하나님의 아들 예수님의 이름으로 기도합니다." 기도가 끝나자 거기 모인 많은 이들이 "그렇게 되게 하소서"라는 뜻을 지닌 유대인들의 말 '아멘'을 덧붙였다.

카밀라는 여동생을 데리고 니가노르에게 다가와 입맞춤으로 인사를 한 뒤 말했다. "동생 말을 들어 보니, 오늘 자네가 이 아이를 구해 주었다고 하더군."

"그게, 사실은 크라쿠스라고, 저기 임플루비움에 앉아 굴 접시 들이마시고 있는 사람하고 고르디아누스가 다 했죠."

"하지만 니가노르, 나는 우연은 믿지 않는다네. 단순한 행운도 말이야. 한 분 하나님께서 당신을 사랑하는 사람들을 위해 만사가 합력해 선을 이루게 하신다고 믿지. 알렉시아가 오늘 고린도에 왜 왔는지 아나?"

"물론, 마님을 만나러 온 거겠지요."

카밀라는 임플루비움에서 떨어진 작은 사랑방으로 니가노르를 데려가서는 목소리를 낮춰 말했다. "그렇다네. 자네 말이 맞아. 하지만 몇 달 전 아버지가 돌아가신 후 알렉시아는 로마에 머물 곳이 없어졌다네. 재산은 남자 형제들이 다 물려받았고. 그래서 이 아이는 고린도에서 살 수 있었으면 하는 생각으로 여기 온 거라네. 결국 내가 에라스도에게 알렉시아 남편감을 찾아보라고 임무를 맡겼지! 문제는, 우리 집안이 알렉시아와 나에게 지참금을 넉넉히 줄 수 있을 만큼 돈이 많지 않다는 걸세. 내가 언니라서 먼저 결혼했는데, 그 뒤 글라우디오가 황제가 되자 우리 집안은 힘든 시기를 겪었어. 세금은 엄청나게 많이 나왔고. 어찌됐든, 에라스도가 알렉시아에게 적당한 짝을 찾아줘야 할 텐데…. 혹 자네가 아는 사람 중에 알렉시아에게 어울릴 만한 사람이 있으면 그이에게 추천해 주게나."

이렇게 말하며 카밀라는 니가노르에게 눈을 찡긋해 보였다. 그 바람에 얼굴이 붉어진 니가노르에게 카밀라는 또 말했다. "우리 집안에는 진취적이고 모험심 강한 남자가 들어와야 해. 되도록이면 주 예수를 아는 사람이어야 하고."

니가노르는 두 숙녀분과 대화를 나눌 수 있어서 영광이었다고 다소 어색하게 이야기하고서는 이렇게 덧붙였다. "율리아에게 옛날이야기 해 주겠다고 약속을 해서요. 양해해 주신다면 가서 약속을 지키고 돌아와, 다음 순서 만찬을 즐기겠습니다."

니가노르는 도망치다시피 집 안 주(主) 회랑을 따라 잰걸음으로 율리아의 방으로 갔다. 방에는 유모 아리아드네가 율리아를 지키고 앉아 있었다. 혹시라도 율리아가 방을 뛰쳐나가 만

그림 15.1. 임플루비움(빗물을 받아 두는 저수조)이 있는 빌라 출입 통로 내부 모습. 멀리 빌라 전경과 기둥으로 둘러싸인 안마당이 보인다.

찬장으로 뛰어들까 해서였다. 율리아는 이미 저녁을 먹고 잠옷 차림이었다. 보통 밤 아홉 시에는 잠자리에 들기 때문이다. 니가노르가 방으로 들어오자 율리아의 입에서 나온 첫마디는 "알렉시아 이모 만났나요? 이모 예쁘죠."였다.

니가노르는 쿨럭쿨럭 기침을 하고는 대답했다. "네, 예쁘시더군요. 그건 그렇고 제가 옛날이야기 해 주겠다고 약속을 했으니 약속을 지켜야지요. 아리아드네, 계속 여기 있든지, 아니면 거실에 잠깐 나가 있겠어요? 얼마 안 걸릴 겁니다."

"아, 긴 이야기로 해 주세요." 율리아가 뾰로통해서 말했다.

"오늘 밤은 안 돼요. 곧 만찬장으로 가 봐야 해요. 긴 이야기는 다음에 해 줄게요. 오늘 밤엔 페르세포네 이야기를 들어 봅시다. 이 이야기 기억해요?"

"조금요. 선생님이 이야기 들려줄 때마다 목소리를 바꿔 가면서 하시잖아요. 그 목소리를 다 들려주세요. 전 그게 좋아요." 율리아는 미소를 지으며 니가노르에게 바싹 다가앉았다.

"우선, 페르세포네는 이 아름다운 처녀의 그리스식 이름이라는 것을 알아야 해요. 로마식 이름이 아가씨한테는 더 익숙할 거예요. 프로세르피네(Proserpine)요."

"네, 지하 세계의 왕비 아니에요?"

"맞아요, 아가씨. 하지만 이야기를 건너뛰었네요. 어떤 사람들은 페르세포네라는 이름을 입에 올리면 위험하다고 하지요. 죽을지도 모르는 일이 일어날 수도 있다고요. 하지만 내가 생각하기에 그건 그냥 꾸며 낸 이야기예요. 어쨌든 페르세포네는 제우스와 데메테르의 딸인데, 페르세포네가 아직 어린아이였던 어느 날 지하 세계의 신 하데스가 페르세포네를 자기 아내로 삼으려고 어머니 품에서 페르세포네를 훔쳐 갔답니다. 페르세포네가 어느 날 천진난만하게 꽃을 꺾고 있었는데, 하데스가 살금살금 다가와서 납치를 해 간 거죠."

"나쁜 하데스. 하데스는 우리 아버지도 잡아가려고 했어요. 하지만 파울로스 아저씨가 아버지를 구해 줬지요."

"그래요, 아가씨 말이 맞아요. 데메테르는 땅과 풍요의 여신이고 땅에서 자라나는 모든 것들의 주관자였는데, 딸을 잃고 슬픔에 잠기는 바람에 땅에서 식물이 자라게 하는 일을 중단하고 말았어요. 땅은 그래서 아주 황무한 곳이 되었지요." 니가 노르는 이야기를 이어 나갔다.

"먹을 것이 없는 인간들의 아우성과 데메테르의 울음소리에 지친 제우스가 마침내 행동에 나서기로 했어요. 제우스는 하데스에게 페르세포네를 돌려보내라고 강력히 말했지요. 그런데 누구든 지하 세계에서 무언가를 먹거나 마신 사람은 영원히 그곳에 머물러야 한다고 운명의 세 여신들이 정해 놓은 법칙이 있었어요. 헤르메스가 페르세포네를 되찾아 오라고 파송을 받았는데, 페르세포네를 풀어 주기 전 하데스가 그녀를 속여서 석류 씨를 먹게 했지 뭐예요. 그래서 페르세포네는 해마다 겨울이면 지하 세계로 돌아가서 살아야 했답니다. 그 때문에 겨울철에는 땅에 아무것도 자라지 않는 거랍니다. 페르세포네가 지하에서 사는 동안에는 말이죠. 그리고 3월 15일이 되면 페르세포네가 돌아오기 때문에 땅에도 생명이 돌아오죠. 딸이 다시 돌아와서 데메테르가 기뻐하고 축하하는 거랍니다."

"그러니까 이 이야기는 겨울이 어떻게 해서 생겨났는지를 설명하는 거네요?"

"맞아요. 아가씨는 참 똑똑해요."

"어머니 말씀이, 이 이야기는 멋지기는 한데 그저 신화일 뿐이래요. 그리고 우리에게 필요한 건 신화가 아니라 사실에 근거한 믿음이라고요. 선생님은 어떻게 생각하세요?"

"어머니는 지혜로운 분이라고 생각해요. 자, 이제 나는 가서 뭘 좀 먹어야겠어요. 잘 자요, 율리아 아가씨. 곧 또 만나러 올게요." 니가노르는 율리아의 이마에 입맞춤을 해 준 뒤 턱까지 담요를 끌어 올려 덮어 주고 조용히 방을 나왔다.

식사는 어느새 세 번째 코스로 접어들었고, 사람들은 안마당과 타블리눔 곳곳에 서거나 앉아서 음식을 먹고 있었다. 말 그대로 곳곳에 사람들이 있었다. 크라쿠스는 타블리눔에 있는 에라스도의 책상 앞에 앉아 닭 날개 요리를 게 눈 감추듯 먹어 치우고 있었다. "이 댁 음식 맛이 아주 훌륭한데요." 크라쿠스가 말했다. "자주 와야겠어요."

"니가노르!" 카밀라가 부르는 소리가 들렸다. "에라스도와 파울로스 옆에 상석으로 자네 자리를 마련해 놨다네. 트리클리니움으로 가게."

앉기 편하게 토가를 끌어 올린 뒤 안락의자에 길게 몸을 누인 니가노르는 바로 앞에 카밀라와 알렉시아가 자리를 잡고 있는 것을 보았다. 자매는 한 의자에 앉아 있었다. 니가노르 앞

식탁에는 진수성찬이 차려져 있었다. 접시 하나를 집어든 니가노르는 과일 약간, 닭고기, 부추를 골라 담았고, 맛있는 포도주가 담긴 잔도 하나 들었다.

"오늘 밤 정말 마음먹고 준비하셨군요, 카밀라 마님." 니가노르는 포도주 잔을 들어 올리며 말했다.

"그럴 만하지. 남편이 건강해졌고, 내 동생도 왔고. 에라스도가 조영관에 선출될 거라는 전망도 밝고, 이제 겨울도 곧 지나갈 테고 말일세." 식사는 그 후로도 몇 코스에 걸쳐 계속되었고, 식사가 끝나갈 무렵이 되자 파울로스가 안락의자에서 일어나 앉아 말했다. "여러분, 식사가 끝나가고 있으니 이제 이 마지막 포도주 잔과 카밀라 자매가 이 순서를 위해 누룩을 넣지 않고 만든 특별한 떡으로 성찬을 함께 나눌 시간입니다. 이제 우리 주님께 주목하도록 합시다."

먼저 떡을 들어 올리고, 그다음으로 포도주 잔을 들어 올린 파울로스는 말했다. "내가 여러분에게 전한 것은 주님으로부터 받은 것입니다. 주 예수께서 잡히시던 밤에, 떡을 들어서 감사를 드리신 후, 떡을 떼고 말씀하셨습니다. '이것은 너희를 위하는 내 몸이다. 이것을 행하여 나를 기억하여라.'"

"식사 후, 마찬가지로 잔을 드시고 말씀하셨습니다. '이 잔은 내 피로 세운 새 언약이다. 너희가 마실 때마다 이것을 행하여 나를 기억하여라.' 그러므로 이 떡을 먹고 이 잔을 마실 때마다 여러분은 주님의 죽으심을 그분이 오실 때까지 선포하는 것입니다."

"그러므로 누구든지 주님의 떡이나 잔을 합당하지 않은 태도로 먹고 마시는 사람은 주님의 몸과 피에 대해 죄를 짓는 것입니다. 모두가 자기를 살핀 후에야 이 떡을 먹고 이 잔을 마셔야 합니다. 주의 몸을 분별하지 못하고 먹고 마시는 사람은 자기에 대한 심판을 먹고 마시는 것입니다. 그것이 바로 여러분 중에 약한 자와 병든 사람이 많고 잠든 사람도 많은 이유입니다."

"하지만 우리가 자기 자신에 관해 좀 더 분별이 있다면 그런 판단을 받지 않을 것입니다. 그럼에도 우리가 주님에게 이런 식으로 심판을 받는 것은 주께 징계를 받는 것이니 이는 마지막에 우리가 세상과 함께 정죄받지 않게 하려 하심입니다. 그러므로 형제자매 여러분, 이 밤에 우리가 그러했듯 식사하러 모일 때에는 서로 기다리십시오." 서로 기다리라는 가르침 덕분에 사람들은 다른 가정교회에서 오는 노예들이 보통 일을 다 마치고 조금 늦게 모임에 합류한다는 사실을 떠올렸다. 파울로스는 식사 때 이 노예들이 동등하게 대우받기를 바랐다. 모임에 늦게 와서 다른 이들이 남긴 것을 먹는 사람들이 아니라 전체 참석자들과 함께 음식을 나누는 이들로 대해야 한다는 것이었다.

그때 파울로스는 커다란 떡 하나를 손으로 뜯은 뒤, 각자 한 조각씩 떡을 떼어 들고 모두가 자기 몫의 떡을 뗄 때까지 기다리라고 했다. 모두가 떡을 떼어 들자 이번에는 포도주 잔을 돌리면서 자기 떡을 포도주에 적셔서 이 포도주를 나누는 데 함께 참여하자고 했다. 그러고 나서 파울로스는 포도주에 적신 자신의 떡 조각을 들고 말했다. "우리는 다 한 몸이므로 똑같은 떡 하나를 나누고 똑같은 잔 하나를 함께 마십니다." 파울로스의 이 말과 함께 참석자들은 포도주에 적신 각자의 떡 한 조각을 먹었다. 니가노르와 크라쿠스도 예외가 아니었다. 이들은 종교적 의례를 범할 마음이 없었다. 그리스 종교와 함께 자라면서 이들이 배운 것 한 가지는, 참석자 모두가 의례를 완벽히 지키지 않는다면 처음부터 끝까지 다시 한 번 의례를 행해야 한다는 것이었다. 신성모독이 저질러졌으니 말이다. 그리고 사실 니가노르는 파울로스의 말을 그런 신성모독에 대한 경고로 받아들였다. 하지만 니가노르는 떡과 포도주를 왜 예수의 몸과 피라고 하는지 사실상 이해하지 못했다. 그렇게 부르는 이유는 아마 나중에 설명이 될 거라 생각했다.

바로 그 즈음, 하인 두 사람이 수금을 들고 들어와 연주를 시작했다. 파울로스는 사람들을 향해 말했다. "이제 그리스도,

우리의 하나님께 다 같이 찬송을 바칩시다." 젊은 두 하인이 테너 목소리로 찬송을 인도하자, 한 사람씩 두 사람씩 모두 노래하기 시작했다.

그리스도는 하나님과 본질이 같은 분이시나
하나님과 동등함을 자기 유익을 위해 이용할 것으로 여기지 않으시고
오히려 자기를 아무것도 아닌 것으로 여기사
종의 모습을 취하시고
사람과 같이 되셨도다.
그는 사람의 모양으로 나타나셔서,
죽기까지 순종하되
십자가에 죽기까지 하심으로
자기를 낮추셨다네!

그러므로 하나님께서 그를 지극히 높이시고,
모든 이름 위에 뛰어난 이름을 주셨으니
하늘과 땅과 땅 아래 있는 모든 것들이
예수의 이름 앞에 무릎을 꿇고
모두가 예수 그리스도는 주님이시라 고백하여,

하나님 아버지께 영광을 돌리게 하셨음이라.

니가노르는 집회가 어떻게 진행될는지 도무지 알 수 없었고, 그래서 그냥 하자는 대로 따라했다. 아니, 그렇게 생각했다. 하지만 멜로디 변화가 다양하고 심지어 조화롭기까지 한 노래를 듣고 있자니 정말 신기했다. 사람들의 목소리는 밤하늘을 뚫고 퍼져 나갔다. 이는 니가노르가 신전에서 듣던 통곡과 신음, 음송(吟誦)과 단조로운 읊조림과는 달리, 알아들을 수 있는 가사가 딸린 노래였다. 물론 가사 중에는 무슨 뜻인지 이해할 수 없는 부분이 자주 나왔으며, 예수가 무덤에서 일어났다는 부분이 특히 그랬다. 니가노르가 음악에 이렇게 감동을 받는 것은 드문 일이었다. 마지막 노래에는 특별히 마음이 끌려서, 그는 자기도 모르게 소맷자락으로 눈가를 닦아 냈다.

물론 니가노르는 인간을 가장하고 땅으로 오는 신들에 관한 이야기를 알고 있었다. 이를테면 제우스와 헤르메스가 루스드라(리스트라)를 찾아온 이야기 같은 것 말이다. 하지만 신이 노예의 모습을 했을 뿐만 아니라 반역한 노예가 받아 마땅한 십자가형까지 묵묵히 받아들였다니 이건 무슨 말인가? 니가노르에게 이는 더할 수 없이 어리석은 이야기로 들렸다. 2절은 또 어떤가? 지극히 높은 하나님께서 이 그리스도라는 사람이 십자가에서 죽었다는 이유로 이 사람을 정말로 높이고 칭찬한다고? 헤라클레스 같은 영웅을 반신(半神)으로 받드는 것은 그럴 만하다. 하지만 이 예수 같은 유대인을? 이는 영예와 수치에 관한 통상적 개념을, 신들이 생각하는 칭찬할 만한 행실에 관한 개념을 뒤집어엎었다.

니가노르는 이런 내용들에 관해 질문을 좀 해 볼 생각이긴 했지만, 이제는 호기심이 더 강해졌다. 지금 당장 솟구치는 한 가지 의문은 이것이었다. "그렇게 사랑 많고 정직하고 다정한 사람들, 다른 모든 점에서는 생각도 바르고 종교적 열광에 빠질 것 같지 않은 사람들이 어떻게 이런 이야기를 믿을 수 있을까? 이 이야기가 사실이라는 모종의 강력한 증거가 있다면 모를까." 니가노르는 기적을 목격했다. 하지만 말 그대로 십자가에 달려 죽은 유대인이 부활했다는 것을 믿을 수 있을지는 확신이 서지 않았다. 그 유대인이 신으로 받들어지고 지존하신 하나님 우편에 앉을 만큼 높임받는다는 것은 더더욱…. 그런 말을 우직하게 믿는다는 것은 한계점을 벗어나는 일 같았다.

이때 카밀라가 모두에게 알렸다. "이제 안마당으로 자리를 옮기시지요. 거기 가면 햇불도 밝혀져 있고 몸을 덥혀 줄 따뜻한 음식도 준비되어 있습니다. 거기서 파울로스 선생님이 말씀을 전해 주시고 신령과 진리로 예배도 더 드리겠습니다. 그리고 성령께서 임하셔서 예언자들에게 말씀을 주시기를 기다리기로 하지요."

파울로스가 안마당 한가운데 서고 참석자들은 그를 중심으로 둥글게 모였다. 몇몇 사람은 횃불을 들고 있었다. 물론 식사 후에는 포도주 마시기와 식후 연설을 듣기가 관례였다. 참석자들 중에는 포도주 잔을 다시 채워서 안마당으로 들고 들어와 연설 들을 준비를 하는 이들도 있었다. 크라쿠스도 그렇게 했다. 그는 재미있는 연설, 어쩌면 상투적 수사로 누군가를 추어올리는 그런 형식의 연설을 기대했을지 모른다. 니가노르는 사실 어떤 연설을 기대해야 할지 알지 못했다.

웅변가 특유의, 한 손을 들어 올리는 동작으로 파울로스가 연설을 시작했다.

"에라스도의 회복을 축하하고 기뻐하는 이 밤, 이 시간에 어울리는 일은 하나님의 주 속성, 하나님의 주 덕목 중의 하나요 하나님을 믿는 모든 이에게 심어 주시기도 하는 그 속성에 대해 이야기함으로써 하나님을 찬양하는 것뿐입니다. 물론, 내가 말하는 것은 '아가페'(agape), 무조건적이고 값없고 은혜로운 사랑, 보답에 대한 그 어떤 암묵적 요구도 없이 사랑하는 그 사랑입니다. 이는 여기 계신 많은 분들이 부활하신 주 예수와의 관계에서 체험하는 그런 사랑이며, 누구나가 간절히 체험해 보고 싶어 하는 사랑일 것입니다. 왜냐하면 이는 사람의 삶과 관계에서 아주 지속성 있고 소중한 특성이요, 무엇보다도 우리를 그리스도의 형상으로 빚어 갈 수 있는 특성이기 때문입니다. 저 자신도 이 사랑이 참되다는 것을 알게 되었습니다. 극심한 개인적 상실과 고난의 시기에도 말입니다. 사실 이런 종류의 사랑은 형제애나 자매애보다 뛰어난 사랑으로, 인생이 보여 줄 수 있는 가장 위대한 특질이자 표현으로 여겨야 합니다. 그래서 제가 이런 종류의 사랑을 칭송하고자 하니 친구 여러분들은 잠시 잘 들어 주시기를 바랍니다." 이렇게 서두를 연 파울로스는 한층 서정적이고 시적인 어투로 이야기를 시작했다.

● 자세히 들여다보기 ●

수사학-고대의 설득 기술

로마 시대에 화술(話術)은 품격 있는 기술이었으며, 실제로 그리스의 수사학은 아리스토텔레스 시대 이후 기초 및 고등 교육의 한 부분이 되어 왔다. 대다수 고대인은 로마 제국 내 어디에 살든 고대 수사학 기술의 생산자이거나 소비자였다. 대부분 구술 문화였던 고대 로마에서 말로 상대를 설득하는 기술은 명문

(銘文)이나 법령이나 편지보다 더 중요했고, 설득력 면에서 더 영향력 있었다. 사실 그리스-로마 세계에서 편지는 대개 수사학의 관례를 따라 작성되었으며, 바울 시대에 이르러서야 일정한 형식의 관례를 따르기 시작했다. 반면 수사학에는 수 세기 동안 확립된 규칙과 형식이 있었다.

고대 수사학에는 세 가지 주요 유형이 있었다. (1) 공격과 방어의 수사학. 과거에 초점을 맞췄다. 법적 공방에 적합한 수사학. 변호사와 법정의 수사학. (2) 충고와 동의의 수사학. 미래에 초점을 맞췄다. 신중히 숙고하는 수사학. 고대 그리스 '에클레시아'(ekklesia), 혹은 민주적 집회의 수사학. 바울이 자신이 개척한 가정교회들을 '에클레시아'라고 부른 것은 우연이 아니었을 것이다. 이 가정교회들이 바로 신중한 숙고를 거친 설득과 조언이 주어지는 곳이었기 때문이다. (3) 마지막으로, 과시적인 수사학. 과장된 표현으로 당대의 어떤 사람이나 어떤 일을 칭찬하거나 비난하는 수사학. 빈번히 쓰이는 인기 있는 수사학 형태였으며, 정치 집회장이나 연회 때의 식후 연설, 그리고 장례식에서 고인을 칭찬하는 연설에서 접할 수 있었다. 에라스도가 회복된 것을 축하하고 하나님을 찬양하는 이날 밤에는 과시적 수사학을 구사하는 웅변이 제격이었다.

"제가 사람의 말과 천사의 말을 한다 해도, 사랑이 없으면 울리는 징이나 요란한 꽹과리에 지나지 않습니다(이곳 고린도에서 만든 청동 꽹과리 같은). 제게 예언의 은사가 있고 제가 모든 비밀과 모든 지식의 깊이를 헤아릴 수 있다 해도, 또한 산을 옮길 만한 믿음이 있다 해도, 사랑이 없으면 저는 아무것도 아닙니다. 제가 가진 것을 모두 가난한 이들에게 나눠 준다 해도, 뽐내기 위해 내 몸을 역경에 맡긴다 해도, 사랑이 없으면 아무 이득이 없습니다."

"사랑은 오래 참고, 사랑은 친절합니다. 사랑은 시기하지 않으며, 자랑하지 않으며, 교만하지 않습니다. 사랑은 무례하지 않으며, 자기의 이익을 구하지 않으며, 쉽게 성내지 않으며, 타인의 잘못을 마음에 담아 두지 않습니다. 사랑은 불의를 기뻐하지 않고 진리와 함께 기뻐합니다. 사랑은 늘 상대를 보호하고, 늘 신뢰하며, 늘 소망하고, 늘 견딥니다."

"사랑은 절대 없어지지 않습니다. 하지만 예언은 있다가도 사라지고, 방언도 잠잠해지며, 지식도 사라집니다. 우리는 부분적으로 알고, 부분적으로 예언합니다. 그러나 온전한 것이 오면 부분적인 것은 사라집니다."

"제가 어렸을 때에는 어린아이처럼 말하고, 어린아이처럼 생각하고, 어린아이처럼 판단했습니다. 그러나 어른이 되어서는, 어린아이 같은 태도를 버렸습니다. 지금은 우리가 거울에 비친 모습을 보듯이 희미하게 보지만, 그때에는 얼굴과 얼굴을 마주하여 볼 것입니다. 지금은 제가 부분밖에 알지 못하지만, 그때에는 하나님께서 저를 온전히 아신 것같이, 제가 온전히 알게 될 것입니다. 그러므로 믿음, 소망, 사랑, 이 세 가지는 항상 있습니다만 그중에서 으뜸은 사랑입니다."

"이제 주위를 한번 돌아보십시오, 친구 여러분. 바로 이 집 안에서, 바로 이 가족에게서 이 사랑이 보이고 느껴지지 않습니까? 좋을 때나 나쁠 때, 누군가가 건강하거나 아플 때, 이 사랑을 경험해 보지 않았습니까? 그리스도께서 여러분의 삶과 여러분의 바로 그 마음에 부어 넣어 주신 것과 같은 그런 사랑을 체험할 때 여러분은 그 사랑을 알 것이며 그 사랑을 부인할 수 없을 것입니다. 이 사랑은 그토록 참되고 그토록 생생하며 그토록 순전하고, 이는 깊이 사랑받는 사람뿐만 아니라 사랑하는 사람까지 변화시킵니다. 사람의 사랑은 변덕스럽고, 불확실하고, 때때로 중단되기도 합니다. 하지만 하나님께서 우리와 나누시고자 하는 사랑은 그렇지 않습니다. 우리가 아직 죄인이었을 때 그리스도께서 우리를 위해 죽으셨고, 그리하여 우리가 그런 사랑 가운데 살 수 있게, 새 생명 가운데 살 수 있게 하셨습니다. 하나님께서 모든 인간을 창조하심은 바로 이를 위해서

였습니다. 사랑하고 사랑받게 하기 위해서 말입니다."

"그러므로 귀하고 귀한 이 밤, 제가 여러분의 마음에 호소합니다. 그리스도를 아직 마음에 모시지 않았다면 이제 그분이 여러분 마음에 들어오게 하십시오. 이는 기쁘고 거짓 없는 삶, 목적과 의미가 충만한 삶의 열쇠일 뿐만 아니라, 영원에 이르는, 영생에 이르는 열쇠입니다. 아멘."

모여 있는 사람들 중 많은 이들 역시 진심 어린 "아멘"으로 화답했다.

니가노르는 이 연설을 들으며 말로 표현 못할 감동을 받고 있는 자기 자신을 보았다. 파울로스를 둘러싸고 있는 사람들 중에도 눈물을 닦아 내고 있는 이들이 많이 보였다. 파울로스는 겉모습만 보면 구부정한 등으로 가게를 지키고 앉아 있는 노인일지 모르나, 그에게는 회의적이고 몰인정한 사람까지도 감동시킬 수 있는 말이 있었다. 니가노르는 자기 삶에도 그런 사랑이 있기를 깊이, 그리고 간절히 바랐다. 하지만 이날 저녁 내내 그가 보고 들은 일은 답변보다는 의문을 더 많이 불러일으켰다. 그리고 이제 모든 순서가 마무리되고 있다고 생각한 바로 그 순간, 무언가 다른 일이 일어났다.

남자나 여자 할 것 없이 니가노르가 이제까지 한 번도 들어본 적 없는 언어로 말을 하기 시작했다. 그리고 곧 파울로스가 이들을 가로막으며 물었다. "오늘 밤 이곳에 이 방언을 통역하는 은사를 지닌 분 누구 없습니까? 없으면, 예언 순서로 넘어가야 합니다. 예언은 누구나 알아들을 수 있고, 따라서 모두가 영과 마음으로 예배를 드릴 수 있으니까요."

그림 15.2. 델피의 신탁 신전. 이곳에서 그리스의 예언 풍습이 유명해졌다.

이어지는 광경에서 니가노르가 가장 놀란 것은, 예언이 아주 구체적 상황과 사람을 향해 이뤄졌다는 점이었다. 예를 들어, 에라스도에 관한 예언도 있었는데, "당신이 목숨을 부지한 것은 특정한 이유가 있어서이다. 세상에서 신실하게 주님을 섬기되 세상에 속하지는 말라는 것이다. 치유받았다는 사실을 늘 기억하고 계속 주님께 성실히 행하라."라는 것이었다.

니가노르는 이 예언이 아주 적절하다고 생각했다. 하지만 이 순간 그는 다른 어떤 사람의 종교를 밖에서 들여다보는 외부 관찰자 같은 기분이 들었다. 카밀라가 다가와 그를 모임 사람들 한가운데로 이끌고 가기 전까지는 그랬다. 무언가 놀랍고 신나는 일, 그리고 혼란스러운 일이 일어난 것은 바로 그때였다.

● 자세히 들여다보기 ●

1세기 고린도의 예언 활동

고린도전서 14장 같은 말씀을 해석할 때 고려해야 할 한 가지 문제는, 예언에 대한 바울의 생각 몇 가지는 우리가 직접 접할 수 있지만 고린도인들이 예언을 어떻게 보고 있었는지도 우리가 알아야 한다는 점이다. 예를 들어, 고린도인들은 황홀경과 예언의 관계를 어떻게 보았는가? 이방인 그리스도인들이 과거에 델피나 아폴로 신전에서 체험한 예언은 기독교 예배 때의 예언을 보는 방식 혹은 예언을 행하는 방식에 얼마나 영향을 끼쳤는가?

델피나 그 밖의 장소에서 체험한 그리스식 예언과 관련해 우리가 알아야 하고 이야기해야 할 가장 중요한 점은, 이 예언은 자문에 응하는 방식이었다는 것이다. 달리 말해, 이 예언은 각종 질문과 요청에 대한 응답으로 주어졌다. 고린도 교회의 몇몇 여성들이 남녀 예언자들에게 질문을 한 이유가 바로 이것이고, 바울이 이들에게 교회에서 잠잠하고 질문은 집에 가서 하라고 말한 이유 또한 바로 이것일 것이다. 기독교의 예배는 문답 시간으로 변질되어서는 안 되었다. 성경의 전통에서 예언은 위에서 아래로의 문제였다. 즉 하나님께서 자기 백성에게 무언가를 말씀하시는 것이지, 하나님의 백성이 자기 신에게 무언가를 질문하는 게 아니었다.

바울 자신은 그리스도인의 예언은 신중히 가려내져야 한다고 믿었다. 예언은 80퍼센트의 영감과 20퍼센트의 땀일 수 있기 때문이다. 이것이 바로 바울이 로마서 12장에서, 예언하는 사람은 저마다 자기 믿음의 분량에 따라 예언할 것이며 그 이상은 하지 말라고 경고한 이유다. 하지만 예언하는 순간의 행복감에 도취된 예언자가 때로 흥분하는 경우도 틀림없이 있었을 것이다. 오늘날의 설교자들이 그러하듯 말이다. 더 중요한 문제는, 고린도전서 14장 마지막 부분에서 분명히 알 수 있다시피 바울은 자신의 발언을 예언적인 것으로, 주의 명령과 동일한 권위를 지닌 말로 보았다는 점이다.

고린도전서 11-14장을 좀 더 면밀히 검토해 보면 다음과 같은 사실을 알 수 있다. (1) 예언은 설교가 아니다. 예언은 기존의 성경 본문에 대한 주해가 아니라 하나님께 근래에 받은 말씀이기 때문이다. 예언은 방언과 달리 해석을 요구하지 않는, 쉽게 이해할 수 있는 현상이다. (2) 예언의 역할은, 덕을 세우고 권면하며 위로하는 것이다(고전 14:3). (3) 고린도전서 14:25은 예언이 현재의 문제점이나 심지어 누군가의 마음의 현재 상태를 간파하는 일도 포함할 수 있음을 암시한다. (4) 예언은 그리스도인이라면 누구나 하나님께 받을 수 있고 또 받기를 구해야 하는 은사다. 물론 누가 어떤 은사를 받을지는 성령께서 정하신다(14:1). (5) 바울은 예언을 기도나 가르침과 구별하지만(고린도전서 11장과 12:29을 보라), 그럼에도 예언에는 교훈의 기능이 있다(14:19). (6) 아마도 이 사항이 가장 중요할 것이다. 곧 권위는 말씀 및 말씀에 영감을 주시는 성령께 있지 그 말을 하는 사람이나 수단에 있지 않다는 것이다. 영감 받은 말씀에 인간이 뭔가 더한 것이 있다면, 예언을 숙고하는 과정에서 분별되어 걸러져야 했으며, 이것을 하나님에게서 나온 것으로 여겨서는 안 되었다. (7) 예언은 초기 기독교에서 남자와 여자 모두가 발휘한 은사였으며, 바울이 이 은사를 사도 시대에 국한되는 것으로 보았다고 생각할 이유는 없다. 사실 고린도전서 13장은 주께서 다시 오셔서 우리가 믿음으로 보던 것을 실제로 보게 될 때까지 이 은사가 지속되리라고 암시한다. 그래서 신약 시대의 새 예언은 주로 특정한 사람과 상

> 황과 교회에 권면을 하거나 해석을 해 주는 데 목적이 있었던 것으로 보이며, 그래서 이 시대 예언의 상당수는 계속 보존되지 않았고, 정경의 일부가 되지도 않았다. 이 예언은 시대를 초월하는 진리보다는 그 시대에 적절한 진리를 제시했다.

카밀라는 눈을 감고 입을 열어, 원래 자기 목소리보다 더 깊고 위엄 있는 목소리로 말하기 시작했다. "니가노르, 주 예수께서 당신에게 말씀하십니다. '이제 때가 되었으니, 실로 네가 그동안의 무신론을 회개할 때라. 너는 에라스도에게 일어난 내 치유의 역사를 목격했고, 로마에서 돌아올 때 너를 돌보아 준 내 자비를 체험했고, 인생이 잘되어 나가기 시작했다. 그러나 아, 가련하게도 네 마음은 사랑을 갈망하고, 네 집에는 너를 반겨 맞아 줄 아내와 아이들이 없구나, 오늘도, 내일도, 늘. 너는 성품이 고상하고 정직하건만, 네 영혼에는 오직 나 예수, 부활한 이만이 채워 줄 수 있는 부재(不在) 혹은 빈 공간이 있도다. 이제 네가 너 자신의 두려움과 욕망, 인간적 지혜가 아니라 건전한 믿음의 판단에 따라 살아야 할 때가 되었다. 어린 율리아도 나를 아는데 너는 그 모든 지혜를 가지고도 나를 모르는구나.'"

떨림, 흐느낌, 그리고 속이 뒤집어지는 것 같은 느낌과 함께 니가노르는 자신이 무언가 거룩한 존재 앞에 있음을 감지하고 무너져 내렸다. 그는 솟구치는 의문을 침묵시킬 수는 없었지만, 마음으로는 이 예언에 어떤 식으로든 화답하고 싶었다. 바로 그때 니가노르는 누군가가 머리에 손을 얹는 것을 느꼈다. 이어서 또 한 사람, 그리고 또 한 사람이 손을 얹었고, 어떤 이는 그의 왼쪽 어깨에 손을 얹었다. 그리고 니가노르를 에워싸고 힘 있는 기도가 진행되었다. 그때 갑자기 자그마한 손 하나가 니가노르의 손 안으로 쏙 들어왔다. 어린아이의 손이었다. 아이는 니가노르의 귀에 대고 속삭였다. "여기 있는 우리 모두 선생님을 사랑해요." 그리고 아이는 있는 힘을 다해 니가노르를 꼭 안아 주었다. 아주 뜻밖에도 니가노르는 온몸으로 온기가 퍼져 나가는 것을 느꼈고, 그러자 몸이 떨리는 것이 멈추고 울음도 멈추었다. 그것은 사랑이었다. 그는 고개를 돌려 카밀라와 에라스도를 보면서 미소를 지었다. 그리고 두 사람을 끌어안으며 말했다. "이 신 예수에 대해 더 많이 알고 싶습니다. 질문할 것이 너무 너무 많습니다. 예수님이 나리 댁 가족들처럼 사랑 많은 분이라면 제 평생을 바쳐서 배울 만한 가치가 있는 분일 겁니다."

후기

로마령 고린도에는 에라스도[에라스투스]를 언급하는 유명한 비문(碑文) 두 가지가 있다. 둘 다 라틴어로 기록되었는데, 글라우디오 황제 말기나 네로 황제 초기에 작성된 것으로 보이는 한 비문에는 이렇게 쓰여 있다. "에라스투스(Erastus)가 조영관 직분을 얻기 위해 자비(自費)로 이 도로를 포장했다." 이 비문은 고린도 대극장 앞에서 볼 수 있으며, 처음 발견된 그 장소에 그대로 보존되어 있다. 두 번째 비문에는 이렇게 기록되어 있다. "비텔리, 프론티우스, 그리고 에라스투스가 이것을 헌납하다.…"[17]

여기서 우리는 한편으로 구조물과 비문이 생성된 시기가 보기 드물게 일치하고, 또 한편으로 신약 성경의 기록과도 일치

---

[17] 이 비문에 대해서는 필자의 책 *Conflict and Community in Corinth*, pp. 32-34를 보라.

그림 P.1. 고린도에 있는 에라스투스 비문

하는 것을 볼 수 있다. 필자가 판단하기에, 바울이 고린도에서 사역하던 주후 50년대와 그 직후의 고린도에 조영관 에라스도가 두 사람이나 존재했을 것 같지는 않다. 위의 두 비문은 한 사람의 에라스도를 말하고 있다. 고린도에서 기록한 로마서 16:23에서 바울은 에라스도의 문안 인사를 전하며 에라스도를 가리켜 '오이코노모스 테스 폴레오스(oikonomos tēs poleōs)'라고 말하는데, 그리스어로 이는 "이 도시의 조영관"이라는 뜻이다. 이 모든 상황은 에라스도 같은 고위직 그리스도인이 어떻게 이교 신전 운영도 도와야 하는 조영관 직분을 이행하면서 그와 동시에 자신의 새 신앙을 지킬 수 있었는가에 관해 흥미로운 의문을 불러일으킨다. 간단히 말해, 이 책에 기록된 이야기는 허구(虛構)이기는 하지만 바울이 세운 고린도 그리스도인 공동체에 얽힌 역사적 사실에 토대를 두고 있다.

❖ ❖ ❖

본문의 사진은 아래 출처에서 허락을 받고 사용했음

그림 1.1. Andrei Nacu/위키미디어 공용 사진

그림 1.2, 1.3, 1.4, 2.2, 2.3, 2.4, 4.4, 6.1, 6.3, 6.4, 6.5, 9.1, 9.2, 10.1, 11.1, 13.1, 15.1, 15.2, P.1. 헌팅턴 대학교(Huntington, IN.) 마크 페어차일드 박사(Mark R. Fairchild, Ph.D.)의 허락을 받고 사용.

그림 2.5. the Römisch-Germanisches Museum, Cologne, Germany/위키미디어 공용 사진

그림 3.1. Berthold Werner/위키미디어 공용 사진

그림 3.2. 작자 미상/위키미디어 공용 사진

그림 4.1. PureCore/위키미디어 공용 사진

그림 4.2. Classical Numismatic Group, Inc./위키미디어 공용 사진

그림 4.3. Wendy Scott/위키미디어 공용 사진

그림 6.2. Overbeck/위키미디어 공용 사진

그림 8.1. Overbeck/위키미디어 공용 사진

그림 8.2. Matthias Kabel/위키미디어 공용 사진

그림 9.3. Flanker/위키미디어 공용 사진

고린도에서 보낸 일주일
바울 사역의 사회적, 문화적 정황 이야기
A Week in the Life of Corinth

벤 위더링턴 3세 지음
오현미 옮김

초판 1쇄 인쇄	2020년 1월 13일
초판 1쇄 발행	2020년 1월 20일
발행처	도서출판 이레서원
발행인	문영이
출판신고	2005년 9월 13일 제2015 - 000099호
편집장	이혜성
편집	송혜숙, 오수현
영업	김정태
총무	곽현자

경기도 고양시 일산동구 중앙로 1160 오원플라자 801호
Tel. 02)402 - 3238, 406 - 3273 / Fax. 02)401 - 3387
E-mail: jireh@changjisa.com
Website: jireh.kr / Facebook: facebook.com/jirehpub

책값은 표지에 있습니다.

ISBN 978-89-7435-525-8 03230

신저작권법에 의해 한국 내에서 보호받는 저작물이므로 저작권자의 서면 허락 없이 이 책의 어떠한 부분이라도 전자적인 혹은 기계적인 형태나 방법을 포함해서 그 어떤 형태로든 무단 전재하거나 무단 복제하는 것을 금합니다.

이 도서의 국립중앙도서관 출판예정도서목록(CIP)은 서지정보유통지원시스템 홈페이지(http://seoji.nl.go.kr)와 국가자료공동목록시스템(http://www.nl.go.kr/kolisnet)에서 이용하실 수 있습니다. (CIP 제어번호: CIP2019044953)